교육도
경제행위다

교육도 경제행위다

초 판 인 쇄 | 2015년 12월 21일
초 판 발 행 | 2015년 12월 30일

지 은 이 | 전용덕
발 행 인 | 김영희

발 행 처 | (주)에프케이아이미디어 (프리이코노미스쿨)
등 록 번 호 | 13–860호
주　　　　소 | (07320) 서울특별시 영등포구 여의대로 24 FKI타워 44층
전　　　　화 | (출판콘텐츠팀) 02–2055–4164 / (영업팀) 02–3771–0245
팩　　　　스 | 02–3771–0138
홈 페 이 지 | www.fkimedia.co.kr
I S B N | 978–89–6374–203–8 (03320)
정　　　　가 | 15,000원

이 도서의 국립중앙도서관 출판예정도서목록(CIP)은 서지정보유통지원시스템 홈페이지(http://seoji.nl.go.kr)와 국가자료공동목록시스템(http://www.nl.go.kr/kolisnet)에서 이용하실 수 있습니다. (CIP제어번호 : CIP2015032284)

전용덕 지음

교육도 경제행위다

교육의 미시경제학적 분석

정부의 획일적인 규제와 평등주의로는 개인이 요구하는 다양한 교육을 결코 제공할 수 없다.
다양한 교육을 위해서는 '자유'가 필수다.

프리이코노미스쿨

목 차

프롤로그
한국의 교육, 혁명이 필요한 시점이다

제1장 교육: 인간행위 대(對) 경제행위
1 교육의 분류 방법 _ 012
2 경제행위로서의 교육 _ 024
3 경제행위와 가격 _ 033
4 경제행위와 비가격 _ 037

제2장 교육을 민간이 담당해야 하는 근본적 이유
1 교육은 공공재인가 _ 043
2 교육의 외부경제 _ 048

제3장 한국 교육의 주요 문제: 교육 수요자의 관점에서
1 학생과 학부모 _ 057
2 교사 _ 070
3 학교 _ 078
4 정부 _ 094

제4장 한국 교육 문제점의 원인
1 가장 근본적인 원인 _ 104
2 경제 제도적 관점에서 본 원인 _ 110
3 철학적 관점과 방법론적 관점에서 본 원인 _ 127
4 교육 외적 원인 _ 139

제5장 한국 교육의 쟁점과 대책

1 대학의 재산권과 자율 _ 146

2 무상급식 _ 152

3 체벌금지 _ 157

4 자율형 사립고 폐지 논란 _ 162

5 혁신학교는 혁신적인가 _ 166

6 교육시장 개방 _ 174

7 학생인권 조례 _ 178

8 영어교육 _ 183

9 유아교육 _ 189

10 선행학습금지법 _ 193

제6장 자유시장과 한국 교육의 미래상

1 교육을 자유시장으로 _ 200

2 한국 교육의 미래상 _ 204

에필로그

교육에 자본주의 원리를 도입하여
수요자와 공급자에게 더 많은 '자유'를 준다면

참고문헌 _ 218

찾아보기 _ 222

한국의 교육,
혁명이 필요한 시점이다

교육[1]은 '100년 대계'라고 흔히 말한다. 사람들의 삶에서 교육이 그만큼 중요하다는 뜻이다. 그러나 정부의 교육 정책과 제도는 그런 경구와는 거리가 멀다. 문제가 있을 때마다 내놓는 땜질식 처방은 차치하고라도 한국 교육의 지향점이 평등주의와 사회주의 그리고 간섭주의이기 때문이다. 심지어 과외와 같은 교육도 재판 끝에 겨우 자유롭게 허용되었다. 그리고 정부는 기회가 있을 때마다 개인들의 교육,

---

1 교육(education)과 학교교육(schooling)은 구분할 필요가 있다. 교육은 평생 이루어질 뿐 아니라 학교 밖에서도 이루어지지만 학교교육은 학교라는 공식 교육기관이 행하는 교육에 국한하기 때문이다. 그러므로 엄밀한 의미에서 학교교육은 교육의 일부다. 그러나 그 둘을 구분하지 않고 사용하고 있는 것이 통상적인 관행이다. 여기에서는 특별한 언급이 없는 한 교육은 대부분 학교교육을 지칭한다.

2 선행학습을 다르게 말하면 예습이다. 공부 또는 학습은 예습과 복습으로 이루어진다는 점에서 선행학습을 금지하겠다는 정책이나 제도는 크게 잘못된 것이다. 문제는 예습 또는 선행학습을 공식 교육기관이 잘 수행하지 못한다는 데 있다. 미국의 경우, 우열반을 통해 선행학습을 할 수 있게 하고 있다. 그리고 고등학교의 우열반은 대학에서도 일정한 학점을 인정하는 방법으로 선행학습을 장려하고 있다. 선행학습에 대한 정부의 통제는 한국 교육부가 얼마나 근시안적인 정책을 실행하는가를 잘 보여준다.

예를 들어 선행학습[2]과 같은 행위를 통제하고자 한다.

그러나 공식교육[3]을 위해 선행학습을 금지하겠다는 발상은 선행학습이 대체로 과외로 이루어지므로, 선행학습 금지가 과외 금지와 큰 차이가 없다는 것을 간과하고 있어 문제다. 교육 정책과 제도에 관한 한 정책 입안자들의 시계는 거꾸로 가고 있는 것이 틀림없다. 엎친 데 덮친 격으로, 교육 행정가들 중 좌파 사상을 가진 사람들이 그렇게 많은 것을 보고 놀라움을 금하지 않을 수 없다. 앞으로 한국 교육은 또 어떤 변화의 소용돌이 속으로 빠져들 것인가?

인간은 누구나 개인이고, 개인은 모든 면에서 다양성을 지니고 있다. 그런 개인에 가장 적합한 교육은 '다양한 교육'이다. 그리고 다양한 교육은 지금의 한국 교육에 가장 필요한 것이기도 하다. 광복 후 70여 년 동안 정부의 교육 정책과 제도들 중 '다양한 교육' 제공에 적합한 것이 아예 없었던 것은 아니다. 하지만 대체로 그러하지 못했던 것이 사실이다. 정부의 획일적인 규제와 평등주의로는 개인이 요구하는 다양한 교육을 결코 제공할 수 없다. 다양한 교육을 위해서는 자유가 필수다.

긴 시간에 걸쳐 획일과 평등을 지향한 교육 정책과 제도는 많은 문제와 폐해를 만들어왔다.[4] 심각한 학교폭력, 땅에 떨어진 교사의 권위, 학교선택권이 없는 학생, 학생선발권이 없는 학교, 연 15만 명이

---

3 공교육과 사교육으로 구분하는 것은 정확한 것이 아니다. '공식교육'과 '비공식교육'으로 구분하고 공식교육을 다시 '국공립학교교육'과 '사립학교교육'으로 구분하는 것이 정확한 것이다. 이하에서는 최대한 앞의 구분법을 사용한다. 그러나 공교육과 사교육으로 구분하는 것이 더 적당하다고 생각되는 경우에는 어쩔 수 없이 그렇게 하였다. 교육을 공교육과 사교육으로 구분하는 방법의 문제점에 대해서는 제1장을 참조.

4 한국 교육에 있어서 문제와 폐해에 대한 자세한 분석과 대책에 대해서는 안재욱 외(2011) 참조.

넘는 재수생, 총 10만 명이 넘는 대학 유학생, 연 10만 명에 육박하는 언어 연수생, 그 수를 다 헤아릴 수 없는 조기유학생과 그들의 가족 해체, 유학을 위한 이민, 대학 입시 위주의 교육과 입시 스트레스로 인한 자살자들, 지나치게 자주 바뀌는 대학 입시 정책, 대학의 낮은 경쟁력, 적지 않은 수의 비정규직 교사와 시간강사, 사립대학의 취약한 지배구조, 엄청난 사교육비와 공교육비, 무상급식, 무상보육, 과도한 교육비 지출로 인한 다른 부문의 자원 부족 등이 있고, 이는 교육 문제 또는 폐해의 일부일 뿐이다.[5]

한국 교육은 총체적인 위기 상황이다. 한국 교육의 문제와 폐해를 혁파하기 위해서는 교육혁명이 필요하다. 교육혁명이란 한국 교육의 지향점을 크게 바꾸는 것을 의미한다. 교육혁명이란 교육에서 평등주의와 사회주의, 간섭주의를 지양하고 한국 교육에 자유시장원리를 도입하는 것이다. 교육혁명만이 총체적 위기에 놓인 한국 교육을 구제할 수 있다. 다른 길은 없다.

근래에 한국 경제가 위기 상황이라는 말을 자주 듣는다. 한국 경제의 위기 상황은 근본적으로 한국 교육의 위기에서 연유한다. 물론 한국 경제 위기의 모든 원인이 교육의 위기에서 오는 것은 아니다. 그러나 훌륭한 교육은 경제를 위기 상황에서 구할 수 있는 중요한 수단이다. 그 점에서도 교육혁명은 매우 긴요하다.

21세기 글로벌화된 세계에서 각 개인은 튼튼한 경쟁력을 확보하지 않으면 안 된다. 개인의 경쟁력은 개인 자신이 가장 잘 안다. 그리

---

5 과도한 교육비 지출로 경제 내의 다른 부문의 자원이 부족해지는 현상은 '보이지 않지만 존재하는 것'이다. 이 현상은 이론을 통해서만 이해할 수 있다. 보이지 않지만 존재하는 것에 대한 자세한 설명은 바스티아(1997) 참조.

고 교육에 관한 개인의 욕구는 매우 다양하다. 그러므로 교육을 위해 정부가 할 수 있는 일은 그리 많지 않다. 다양한 재능과 욕구를 가진 개인을 위해 정부가 할 수 있는 일은 정책과 제도를 최대한 개방적으로 만드는 것이다. 그리고 가장 개방적인 제도는 자유시장원리에 기초를 둔 것이라야 한다.

교육이 자유시장원리 또는 경제원리에 따라 이루어질 때 교육의 수요자인 학생과 학부모는 자신들이 설정한 교육 목적이나 목표를 가장 효과적으로 달성할 수 있다. 그 결과 교육 수요자인 학생과 학부모의 만족도도 최고가 될 것이다. 그리고 현재 한국 교육계가 당면하고 있는 각종 문제와 폐해도 대부분 없어질 것이다.

교육에 자유시장원리 또는 경제원리를 도입한다는 것은 교육이 경제적 가치 추구를 목적으로 하는 것도, 공식교육을 전면적으로 부정하는 것도 아니다. 교육에 자유시장원리 또는 경제원리를 도입한다는 것은 오히려 공식 교육기관의 교육을 개선하는 부차적 효과도 기대할 수 있다. 고교선택제의 활성화, 국공립학교의 축소 등이 이루어지면 교육 예산의 더 많은 부분을 공식 교육기관의 교육, 즉 공교육으로 돌릴 수 있기 때문이다.

제 1 장

교육:
인간행위 대(對) 경제행위

1

교육의 분류 방법

우리는 교육을 다양한 방법으로 분류할 수 있다. 여기에서는 다양한 분류 방법들의 장단점을 비교하고, 결과적으로 교육을 경제행위로 보는 관점이 가장 문제가 적다는 것을 말하고자 한다.

공교육 대 사교육

이 분류 방법은 교육을 제공하는 기관 또는 주체가 누구냐에 따라 교육을 분류하는 것이다. 교육을 제공하는 기관이 공식 교육기관인 경우에 우리는 그것을 '공교육'이라고 부른다. 정부의 인가를 받은 초등학교, 중학교, 고등학교, 대학교, 대학원 등이 대표적인 예다. 여기에는 교육을 제공하는 주체가 정부인 경우도 있고, 민간인 경우도 있다. 예를 들어, 국공립대학뿐 아니라 사립대학도 여기에 속한다. 그러나 초등학교 수준에서는 정부가 교육을 제공하는 경우가 대부분이기 때문에 초등학교 수준에서 공교육은 정부 설립의 교육기관이 제공하는 교육으로 간주해도 무리가 없다.

한편, 교육을 제공하는 주체를 공식 교육기관으로 분류할 수 없는 경우에 우리는 그것을 '사교육'이라고 부른다. 비록 사교육은 공교육과 유사한 교육을 제공한다는 측면에서 공교육과 큰 차이가 없지만 교과 과정에 대한 정부의 공식 인가를 받은 기관이 아니라는 점에서 공교육과 차이가 있다. 과외, 사설학원, 야학 등을 사교육이라 부른다.

교육을 공교육과 사교육으로 나누는 방법은 교육에 대한 논의를 할 때 우리 사회에서 관행으로 받아들여진 구분법이다. 그리고 어쩌면 교육전문가와 정치가를 포함하여 지금의 한국 사람들이 가장 많이 사용하는 구분이다. 그러나 이 구분법은 다음과 같은 문제점을 지니고 있다.

첫째, 이 구분으로는 '명'과 '실'이 상부하지 않는 경우가 발생한다. 공식 교육기관이지만 국가의 도움 없이 개인의 힘으로 설립되고 운영되는 사립학교가 명실상부한 사교육이다. 예를 들어, 사립 초등학교, 사립 중학교, 사립 고등학교, 사립 대학교는 엄밀한 의미에서 사교육이다. 그러나 현행 구분법은 이들 기관의 교육을 공교육이라 부른다.

다른 예를 들어보자. '야간 자율학습'과 같은 프로그램은 공식 교육기관에서 이루어지고 있다는 점에서 공교육으로 분류할 수 있지만 개인의 힘으로 이루어지고 있는 프로그램이라는 점에서 사교육이다. EBS가 송출하는 교육 프로그램은 정부에 의해 만들어지고 있다는 점에서 공교육으로 볼 수 있지만, 공교육의 문제점을 지적할 때는 논의에서 제외함으로써 사교육으로 분류하고 있는 것처럼 보인다. 이 경우 교육 프로그램을 분류함에 있어서 '이중 잣대'를 사용하고 있음을 알 수 있다. 즉 공식 교육기관을 기준으로 교육을 구분하는 방법이 부적합한 경우도 있다는 것이다.

둘째, 이 구분은 공교육을 강화하고 사교육을 억제하거나 제한해야 한다는 정책에 쉽게 맞닿게 된다. 과외 금지, 선행학습 금지 등과 같은 것이 사교육을 억제하는 정책의 대표적인 예다. 사교육 억제 정책을 도입하게 된 이유는 비공식 교육기관이 공식 교육기관의 성장과 발전을 가로막기 때문이라는 것이다. 그러나 이러한 견해는 명백히 틀린 것이다. 이 점은 제5장에서 더 다루고자 한다.

셋째, 무엇보다도 현행 분류법에 의한 교육 정책과 제도는 너무 많은 문제와 폐해를 만들어내고 있다. 예를 들어, 현행 교육 정책과 제도는 학교폭력, 폭력성 체벌, 입시 위주의 교육, 창의성이 결핍된 교육, 다수의 유학생과 가족의 해체, 다수 재수생의 온존 등과 같은 문제와 폐해를 만들어내고 있다. 그 결과 학생, 학부모가 누리는 삶의 질이 형편없다. 적어도 교육과 관련해서는 그렇다는 것이다. 그리고 현행 교육 제도의 비효율이 경제에 미치는 부정적인 영향도 작지 않다.

그렇다고 교육과 관련한 모든 문제와 폐해의 원인이 '오로지' 공교육과 사교육으로 구분하는 방법에만 있다고 주장하는 것은 아니다. 교육과 관련한 문제와 폐해에 대한 상당한 책임이 현재의 잘못된 구분법과 그에 따른 정책에 있다는 것을 말하고자 한다.

공립학교 대 사립학교

이 분류 방법은 교육을 학교교육과 비학교교육으로 먼저 나누고,

학교교육을 다시 설립 주체에 따라 공립학교public school와 사립학교 private school로 분류하는 방법이다. 비학교교육이란 공식 학교가 아닌 주체가 제공하는 모든 교육을 비학교교육으로 분류한다. 여기에는 홈스쿨링home schooling, 과외, 사설학원 등이 속한다. 이 분류 방법이 생겨난 것은 오래 전부터 학교교육이 불신을 받으면서 홈스쿨링과 같은 비학교교육이 생겨난 경우도 있고, 공식 학교교육이 제공하지 못하는 것을 사설학원이 맡게 된 경우도 있기 때문이다.

이 구분 방법은 현재 미국에서 널리 사용되는 것이다. 이 방법의 특징은 교육을 제공하는 주체를 기준으로 교육을 분류하는 것이다. '공교육 대 사교육'으로 분류하는 방법과 달리 이 방법은 모호하고 불분명한 점이 상대적으로 적고 이중 잣대를 대는 경우가 많지 않다.

오늘날 미국에서 누구도 비학교교육을 문제 삼지 않는다. 학교교육을 선택할 것인가, 비학교교육을 선택할 것인가는 각자의 몫이기 때문이다. 예를 들어, 오늘날 미국의 많은 대학은 홈스쿨링 출신 학생을 일정한 기준에 의거하여 입학시키고 있다. 미국 대학이 그렇게 하는 것은 교육을 제공하는 주체가 문제가 되는 것이 아니라 학생 자신이 대학에서 무난히 교육을 마칠 수 있는 능력, 즉 수학능력에만 초점을 맞추기 때문이다. 다시 말하면, 미국 대학은 학생이 대학 입학 이전에 어떤 교육을 받았는가 보다는 학생이 지니고 있는 수학능력에 관심을 가지고 있다고 여겨진다.

이제 학교교육을 다시 사립학교와 공립학교로 분류한다. 미국 정부가 자신의 관할인 공립학교의 경쟁력을 향상시키는 방안 등을 논의하는 것을 볼 수 있는데, 여기에도 역시 사립학교는 설립 주체가 민간이기 때문에 설립 주체에게 최대한 자율과 책임을 주고 있음을 알 수 있다.

이 구분법은 교육기관의 설립 주체에 따라 권한과 책임을 분명히 한다는 점에서 매우 좋은 구분법이다. 적어도 이 방법은 공교육과 사교육으로 분류하는 방법보다 우수한 것처럼 보인다. 그러나 학생, 학부모의 선택과 결정을 공식 교육기관이나 교육 당국이 존중한다는 전제가 필요하다. 문제는 한국의 공식 교육기관이나 교육 당국은 학생과 학부모의 선택을 존중하기보다는 규제하고 통제한다는 것이다.

또 이 구분법은 대학을 포함한 공식 교육기관이 교육을 제공하는 주체가 누구인가를 구분하지 않고, 학생을 수학능력에 따라 대우한다는 원칙을 받아들여야 한다. 그러나 현재 한국의 대학은 정부의 규제 때문에 학생을 수학능력에 따라 대우한다는 원칙을 지키기 쉽지 않다. 이 분류 방법과 그 근저에 놓인 원칙은 교육을 '공교육 대 사교육'으로 구분하는 방법보다 결점이 적다고 하겠다. 물론 '공립학교 대 사립학교'로 구분하는 방법의 근저에는 미국식 자유와 책임의 원칙이 놓여있다.

인간행위 대 경제행위

이 구분법은 미제스Mises가 제시한 분류 방법을 교육에 응용하는 것이다. 미제스는 인간행위 전체를 다루는 학문을 인간행동학praxeology이라 명명하고 그중에서도 경제계산economic calculation 또는 화폐계산monetary calculation이 가능하거나 '돈'으로 계산할 수 있는 행위를 경제행위로 분류하고 경제학의 대상이라고 설명하고 있다.[6] 즉 인간행위란 가치판단 또는 가치평가에 의해 이루어지는 인간의 모든 행위를 말하고, 가치판단 또는 가치평가와 함께 경제계산이 가능한 행위를 경제행위로 구분한다. 자연히 경제행위는 인간행위의 일부이고, 경제학도 인간행동학의 일부다.

몇 가지 예를 들어 보자. 자동차를 구매하는 행위는 자동차 가격을 알 수 있다는 점에서 경제행위다. 자동차 수요자는 자동차 회사가 제공하는 가격과 자동차에 대한 자신의 가치판단 또는 가치평가에 의존하여 구매를 결정할 수 있다. 자동차를 제조하는 자동차 회사도 가치판단 또는 가치평가와 자동차 제작에 필요한 각종 자재, 자본, 인력에 소요되는 비용을 계산할 수 있다는 점에서 자동차 회사의 자동차 제작은 경제행위다.

또 다른 예로 사찰에서 마음 수련을 위해 만든 '사찰체험temple stay' 프로그램의 경우, 프로그램 내용에 따라 참가자가 부담하는 비용이 매겨져 있기도 하다. 마음 수련을 위한 프로그램의 내용은 매우 추상적이고 경제계산을 하기 어려운 부분이 있긴 하지만 프로그램 운영자인 사찰은 예상 참가자들에게 아무튼 프로그램 참가비용을 제시하고 있는 것이다. 즉 사찰체험 프로그램 참가자는 경제계산을 할 수 있다. 그 점에서 사찰체험 프로그램에 참가하기로 한 선택은 경제행위인 것이다.

사립대학에 갈 것인가 또는 국공립대학에 갈 것인가 하는 선택은 학생, 학부모가 등록금과 교육에 필요한 제반 비용 또는 가격을 알 수 있다는 점에서 명백히 경제행위로 분류할 수 있다. 이때도 학생과 학부모는 당연히 가치판단 또는 가치평가와 함께 경제계산을 해

---

6 인간행위와 경제행위를 구분하는 것에 대한 자세한 설명은 Mises(1996), 제1–3부를 참조. 인간행동학에서 경제학이 가장 잘 발달된 학문이다. 경제학은 때로는 인간행동학의 도움이 필요하다.

서 학교를 선택하게 된다. 이것은 학생과 학부모의 관점에서 어떤 선택이 경제행위가 될 수 있는가를 점검해본 것이다.

교육의 공급자 입장에서는 어떤가? 고등학교 역사 교육의 경우 필수 과목으로 할 것인가, 선택 과목으로 할 것인가? 선택 과목으로 하는 경우 주당 몇 시간을 역사 교육에 배정할 것인가? 간접비용을 무시한다면 교육에서 가장 중요한 것은 교사의 임금일 것이다. 학교의 소유자나 경영자는 각 경우에 따라서 비교적 정확하게 화폐계산을 할 수 있다. 학교의 소유자나 경영자 입장에서 학생에게 어떤 교육 프로그램을 제공할 것인가 하는 선택도 경제행위인 것이다.

학교 등록금 또는 프로그램 수강비용, 학원 과외비, 교사와 직원의 연봉, 급식비를 포함한 학교 운영비, 학교를 설립하는 경우에 필요한 토지 구입비, 학교 건물 설립비, 교육 시설과 장비의 구입과 설치, 학용품을 포함한 교복 구입비 등 교육과 관련된 행위가 모두 경제행위임을 알 수 있다. 이것은 물론 교육과 관련된 경제행위의 일부일 뿐, 더 많은 경제행위가 있다.

한국 사회에 만연되어 있는 과외에 대해 한번 살펴보자. A라는 부모가 수학 과외를 시작한다고 가정하자. A는 자신의 주변에서 수학 과외 교사를 찾는다. 그리고 과외 교사를 만나서 학생에게 무엇이 부족한가, 과외 교재는 무엇으로 할 것인가, 과외비는 얼마로 할 것인가를 상담한다. 물론 학부모가 수학 교육 과정을 잘 모를 경우에는 과외 교사와 학생이 함께 무엇이 부족하고 무엇을 해야 하는가를 결정한다. 이 과정에서 수학 과외에 대한 학생과 학부모의 가치 판단이 들어가지만 그에 못지않게 과외 비용도 중요하다. 학부모가 과외를 결정할 때 가치 판단과 함께 과외 비용이 얼마인가가 영향을 미치는 것이 분명하다면, 이는 분명 경제행위다. 우리가 아파트를 구입할 때 주택 구입이 가치 판단과 주택 구입비용에 의해 결정되는 경제행위라는 점에서 주택 구입과 과외하기는 본질에서 차이가 없다. 다만 가치판단 내용 자체는 다른 점이 많을 수도 있다.

시장에서 개인의 투자, 소비 등은 경제행위임이 분명하다. 미래를 위하여 현재의 지출을 줄인다는 관점에서는 교육도 저축이자 투자다. 그리고 교육이라는 투자도 경제계산이 가능한 부분이 적지 않다. 즉 교육도 통상적인 경제행위와 크게 다르지 않다는 것이다. 그러므로 교육도 상당 부분 경제행위임이 분명하다.

교육의 많은 부분이 경제행위지만 인간행위로 간주해야 하는 경우도 있을 수밖에 없다. 예를 들어, 대학이 입학생을 결정하는 경우에 수능 성적, 학생부 등급, 면접 성적 등의 비중을 얼마로 할 것인가 하는 것은 오로지 가치판단의 문제다. 그러나 교육에서 경제행위 아닌 인간행위가 있을 수밖에 없지만, 앞에서 보았듯이 교육의 상당 부분은 경제행위라 할 수 있다.

문제는 현실에서 경제계산의 가능 여부를 점검해야 하는 경우에 조심해야 할 때가 있다는 것이다. 화폐계산을 위해서는 재화들의 가격, 특히 자본재들과 생산요소들의 가격이 필수적으로 존재해야 한다. 그러나 사회주의 제도에서는 자본재들과 생산요소들의 가격은 존재하지 않는다. 왜냐하면 자본재들과 생산요소들의 국유화는 그것들을 거래하는 시장을 없애고, 그 결과 가격이 존재하지 않게 되기 때문이다.

자본주의 국가에서도 사회주의 제도가 있기 때문에 그 경우에는 경제계산이 불가능하다. 예를 들어, 한국의 국공립 초등학교가 여기에 해당한다. 이 경우는 현재 정부가 민간 시장의 가격을 '인용' 또는 '참조'하여 쓰고 있지만 정확한 가격이 아니다. 그 결과 국공립 초등학교에서의 자원 배분은 혼란 그 자체라고 할 수밖에 없다. 이 점은 제4장에서 더 자세히 설명할 것이다. 한마디로, 어떤 인간행위가 경제행위가 될 것인가 하는 문제는 경제 제도에 달려있다.

교육을 인간행위와 경제행위로 구분하는 방법은 어떤 장점이 있는가? 첫째, 이 구분법은 현실에서 사람들의 교육과 관련한 선택 행위에 가장 맞게 구분하는 방법이다. 예를 들어, 등록금과 같이 돈으로 표현 또는 계산이 되는 행위인 경우에 사람들은 경제원리에 따라 결정하는 것을 볼 수 있다. 즉 교육이 경제행위인 한, 거의 예외 없이 모든 사람이 경제원리에 따라 선택한다. 그 결과 그런 행위의 원인과 결과를 정확하게 이해하거나 분석하기 위해서는 경제학을 교육에 응용해야 한다고 결론지을 수 있다. 그렇게 할 수 있을 때만 좋은 제도나 정책을 설계할 수 있고, 문제가 발생하는 제도와 정책을 제대로 변경하거나 수정할 수 있다.

둘째, 이 구분은 어떤 영역이 교육전문가의 몫이고 어떤 영역이 경제전문가의 몫인가를 구분할 수 있게 한다. 그 결과 영역별 전문가들이 각자의 영역을 담당함으로써 전문성을 높일 수 있다. 여기에서 전문성을 높인다는 것은 정책 결정 또는 의사 결정에 있어서 최선을 다할 수 있고, 그 결과 최선의 교육 제도와 정책을 만들어낼 수 있을 것이라는 것이다. 왜냐하면 어떤 정책 또는 제도를 다듬는 데 있어서 전문화의 원칙을 지키는 것이 최선의 방법이기 때문이다. 그 점에 있어서는 교육도 예외는 아니다.

현재 한국 교육의 각종 문제는 인간의 행위를 이렇게 구분하여 결정하지 않고, 모든 것을 교육전문가 또는 정치가가 결정함으로써 발생하고 있다고 해도 과언이 아니다. 그리고 그 폐해는 고스란히 교육 주체인 학생과 학부모의 몫이 되고 있다. 즉 앞에서 제시한 구분법에 따라 교육 정책 또는 제도를 만듦으로써 한국 교육의 고질적인 병폐를 일소할 수 있다. 그 결과 학생과 학부모의 삶의 질이 크게 개선될 것이다. 예를 들어, 학생이 유학을 가고 그에 따라 기러기 아빠 등이 생겨나는 현상은 점차 없어질 것이다. 만약 교육 중에서도 경제계산이 가능한 부분에 대한 정책과 제도를 경제원리에 따라 만든다면 말이다. 이 점에 대한 더 자세한 내용은 제6장에서 다룰 것이다.

셋째, 전문화 원칙에 의해 교육 정책과 제도가 결정되면 잘못된 교육 정책이나 제도로 인한 비효율, 즉 경제에 미치는 부정적인 영향을 줄일 수 있을 것이다. 작금의 교육 정책과 제도의 비효율성이 경제에 미치는 부정적인 영향의 크기를 정확히 알 수는 없지만, 작지 않을 것으로 추정된다. 이 구분법에 기초해서 만들어지는 교육 정책과 제도는 그런 부정적인 영향을 크게 줄일 수 있을 것이다.

교육의 상당 부분이 경제행위라는 점을 앞에서 지적했다. 경제행위들은 서로 연결되어 있다. 이때의 '연결'이란 경제행위로서의 교육 각 부문이 서로 연결되어 있을 뿐 아니라, 교육이 교육 이외의 경제행위와도 연결되어 있음을 의미한다. 예를 들어본다. A라는 학부모가 있다고 가정하자. A의 첫째 아이가 고 3에 진급하면서 과학 공부를 위하여 사설학원에 등록을 하고 매달 40만 원을 추가로 지출한다고 가정하자. 매달 40만 원의 학원비는 외식비를 20만 원 줄이고, 둘째 아이 영어 과외비를 20만 원 줄여서 마련한다고 가정하

자. 전자의 경우는 교육과 비교육 간 대체가 일어난 경우이고, 후자는 교육 간 대체가 일어난 경우다. 이렇게 경제행위인 교육은 다른 교육과 연결되어 있을 뿐 아니라 교육과 관련이 없는 경제행위와도 연결되어 있다. 그러나 편의상 이하의 분석에서는 교육을 세부적으로 나누어 분석하거나 검토한다. 행위 간의 연결성을 강조하면 모든 주제를 한 개의 큰 주제로 통합해야 하는 데 그렇게 하면 여러 가지 점에서 어려움과 불편이 있기 때문이다.

물론 앞에서 보았듯이 어떤 경우에는 경제행위와 인간행위가 혼합되어 있는 경우가 있을 수 있다. 제5장에서 다루게 될 영어교육을 예로 들어본다. 공식 교육기관에서 이중언어 교육을 하는 경우 정책 결정자는 언제, 어느 정도의 강도로 교육할 것인지, 얼마만큼의 기간 동안 지속할 것인지를 결정해야 한다. 이 문제는 영어교육 전문가의 몫이다. 그러나 영어교육 방법을 달리함에 따라 예산은 달라질 것이고, 효율적인 선택을 위해서는 경제원리가 응용되어야 한다.

교육 제도 또는 정책을 결정하는 곳에 교육전문가는 많지만 경제전문가는 거의 없을 뿐 아니라 교육에 종사하는 경제전문가마저도 교육전문가로부터 비판받는 일이 다반사다. 교육전문가는 경제전문가가 교육의 특수성을 너무 모르거나 무시한다고 여긴다. 교육전문가는 교육은 특별한 어떤 것으로 경제원리의 대상이 단연코 아니라고 주장한다. 그러나 현실에서 사람들은 경제행위에 있어서는 교육이라도 예외가 아니라고 생각하고 행동한다. 즉 사람들은 교육이 경제계산을 할 수 있는 한 경제원리에 따라 행동하고 있는 것이다. 물론 자신의 가치판단 또는 가치평가를 동시에 이용하면서 말이다. 그럼에도 불구하고 정치가와 교육전문가는 교육이 경제행위인 점을 부정한다. 그 결과 한국에서 교육은 문제와 병폐가 산적해 있는 상태이다. 여기가 모든 한국 교육 병폐의 시발점이다.

교육은 경제행위, 마땅히 경제원리를 적용해야

교육과 관련한 행위의 많은 부분이 경제행위이고, 바로 그 이유로 교육에 경제원리를 적용해야 한다. 이러한 주장에 반대하는 교육전문가들과 정치가들은 스스로 전문화의 원칙을 무시하고 있다. 교육이 상당 부분 경제행위임에도 불구하고, 경제원리를 무시하고 대중요법이나 다른 원리를 도입함으로써 문제를 더 악화시켜온 것이다. 그 결과 우리 사회가 교육 제도 또는 정책의 부조리로 인하여 엄청난 문제와 폐해를 겪고 있다. 이 점에 대해서는 제4장에서 더 분석할 것이다. 방법론적 관점에서 보면, 교육과 관련한 선택행위 또는 인간행위에서 경제행위를 구분하여 다루지 않는 것이 한국 교육이 직면하고 있는 문제와 폐해의 원인이다.

다시 한번 강조하지만, 사람들이 가치판단과 경제계산을 이용하여 어떤 행동을 선택한다면 그것은 경제행위다. 그 점에서 교육은 상당 부분 경제행위이고, 매우 중요한 경제행위라고 할 수 있다. 인간의 어떤 행동이 경제행위인 경우 마땅히 경제원리가 적용되어야 한다. 그러므로 교육도 경제원리로 설명할 수 있을 뿐 아니라 그렇게 할 때만이 가장 정확한 분석을 할 수 있다. 그리고 그 결과 가장 좋은 교육 제도와 정책을 결정할 수 있다. 만약 교육 정책과 제도가 경제원리에 부합하지 않는다면 많은 부작용과 폐해를 초래할 것이다.

2

경제행위로서의 교육

교육의 수요자

교육과 관련한 선택 행위가 경제계산이 가능한 경우, 그것은 경제행위이므로 경제원리를 적용해야 한다는 점을 앞에서 지적했다. 그러므로 교육과 관련하여 경제계산이 가능하지 않은 선택 행위는 여기에서 제외한다. 이제부터 경제원리라는 관점에서 교육을 이해하는 기초 개념 몇 가지만을 간략히 설명하고자 한다.

다른 경제행위와 마찬가지로 교육이라는 선택 행위에도 수요자와 공급자가 있다. 교육의 수요자는 물론 학생과 학부모다.[7] 다른 선택 행위와 마찬가지로 교육에서도 교육의 수요자가 가장 중요하다. 왜 그런가? 첫째, 교육의 수요자인 학생과 학부모는 그들 자신의 인신과 시간, 재산을 투자하여 교육을 구매(수요)하기 때문이다.

---

[7] 교육 수요자라는 관점에서 학생에 비해 학부모는 간접적이지만 영향력이 작지 않기 때문에 동일하게 취급하기로 한다.

둘째, 앞에서 제시한 이유로 교육 수요자인 학생과 학부모가 자신들에게 필요한 교육이 무엇인가를 가장 잘 알기 때문이다. 지금 제시한 두 가지 원인은 교육의 수요를 억제하는 정부의 어떤 정책도 실패하거나 많은 폐해를 초래할 것이라는 점을 시사한다. 셋째, 교육의 궁극적 목적이 교육 수요자 자신—타인이 아니라—을 위한 것이기 때문이다. 이 점은 교육이 공공재라는 관점이 틀렸음을 시사한다. 이 점에 대한 더 자세한 분석은 제2장에서 할 것이다. 넷째, 학생과 학부모가 교육에 필요한 비용을 전적으로 부담하기 때문이다. 그리고 비용을 부담하는 사람이나 집단에게 비용부담에 따르는 권한을 주는 것은 정당하고 당연하다. 물론 현실에서는 교육에 필요한 비용을 당사자들이 부담하지 않는 경우도 비일비재하다. 그렇게 되는 경우에 문제가 발생한다. 현실에서 교육과 관련한 많은 문제가 발생하는 것은 바로 이 때문이다. 이 점은 제5장에서 더 다룰 것이다. 앞에서 언급한 네 가지 특징이 시사하는 바는 교육의 수요자가 다른 재화나 서비스의 수요자와 크게 다르지 않다는 것이다.

경제행위로서의 교육 또는 선택 행위로서의 교육이 어떠해야 하는가를 결정할 수 있는 권한은 학생과 학부모에게 있다. 즉 교육이 경제행위인 한 교육의 수요자인 학생과 학부모는 교육의 질과 양을 결정할 수 있는 권한이 있다. 만약 그렇게 되어 있지 않다면 교육의 수요자인 학생, 학부모가 교육의 질과 양을 결정할 수 있도록 해줘야 한다. 그렇게 하지 않고 있기 때문에 우리 사회의 교육과 관련한 각종 문제와 부작용이 생겨난 것이다.

예를 들어, 공식 학교교육이 충분하지 않은 상태에서 학생과 학부모는 사설학원이나 과외 교사가 제공하는 교육을 추가로 선택할 수 있다. 학생과 학부모는 교육 수요자 또는 소비자로서 그런 권리를 가지고 있다. 그러나 사설학원에서의 선행학습을 금지하는 정책이나 제도는 교육 수요자 또는 교육 소비자인 학생과 학부모의 권리를 부정하는 것이다. 이 점은 과거의 과외 금지 정책에도 해당된다. 불행하게도 우리 주위에는 교육 수요자로서의 권리를 부정하는 많은 정책, 제도, 사고방식 등이 있다.

교육의 수요자로서 학생과 학부모는 학교를 선택할 수 있는 권리도 가지고 있다. 학생과 학부모가 사립학교를 선택할 것인가 또는 공립학교를 선택할 것인가를 결정할 수 있는 권한이 있다. 그러나 정부는 고등학교 선택에 있어서 수요자의 선택권을 상당히 제한하거나 통제하고 있다. 고교평준화 정책에 의한 고교추첨제는 수요자의 선택권을 완전히 없앤 경우다. 자립형 사립고는 수요자가 원하는 위치에서 원하는 가격으로 충분히 공급되고 있다고 보기 어렵다. 자립형 사립고에 대한 수요자 또는 소비자의 선택권도 상당히 제한되고 있는 실정이다. 그럼에도 불구하고 일부 교육감은 자립형 사립고를 폐지할 것을 공언한 바 있다. 이 점에 대한 자세한 분석은 제5장에서 할 것이다.

시장에서 수요자 또는 소비자의 선택은 언제나 존중받고 보호된다. 예를 들어, 무선통신의 선택에 있어서 수요자는 A사, B사, C사 중의 하나를 선택할 수 있다. 그리고 A사를 선택하는 경우에도 다양한 요금제 중 자신의 필요와 취향에 맞는 요금제를 선택할 수 있다. 비록 무선통신 회사의 수가 정부에 의해 제한되어 있고 요금제도 규제되고 있지만 수요자는 다양한 선택지 중에서 선택을 할 수 있다는 점에서 수요자의 선택은 상당히 존중받고 보호되고 있다고 할 수 있다. 비록 그 존중과 보호가 완전한 건 아니지만 말이다. 다른 재화시장뿐 아니라 서비스시장에서도 상황은 대동소이하다. 그러나 교육에서는 수요자 또는 소비자의 선택이 그렇게 존중되고 보호된다고 보기 어렵다. 고교추첨제의 예에서 보듯이 수요자의 권리나 선택권은 완전히 무시되어 왔다.

수요자 또는 소비자의 선택을 존중하고 보호해야 하는 다른 이유는 수요자가 개인으로서 각자 다른 능력, 종교, 신념, 소득(궁극적으로는 부모의 소득), 선호를 가졌기 때문이다. 어쩌면 이것이 앞에서 나열한 요소들보다 훨씬 중요할 수 있다. 능력이 다른 개인들에게 각자의 필요에 따른 선택을 수 없게 한다는 것은 매우 권위적이고 강압적인 것이다. 예를 들어, 종교를 믿지 않는 학생이 종교 활동을 반드시 해야 하는 종교 재단이 설립한 학교를 배정받는다는 것은 견디기 어려운 일이다. 반대로, 종교를 믿는 학생이 종교 활동에 관심이 없는 학교에서 공부해야 하는 일도 여러 가지로 못마땅할 것이다. 수요자 또는 소비자로서의 개인은 능력, 종교, 신념, 소득, 선호 등이 모두 다르기 때문에 개인으로서 학생과 학부모의 선택은 존중받고 보호받아야 한다.

정부의 교육 관련 정책은 수요자 또는 소비자의 권리를 존중하고 보호하는 방향으로 바뀌어야 한다. 현재의 교육 정책은 많은 부분이 교육의 소비자 또는 수요자의 권리와 선택을 무시하거나 통제하고 있다는 점에서 경제원리를 도외시한 것이다. 교육이라는 경제행위에 있어서 수요자 또는 소비자의 권리를 존중하고 보호하는 것이야말로 우리나라 헌법이 명시하고 있는 '자유시장' 원리에 가장 잘 부합하는 것이다.

교육의 공급자

교육의 수요자가 존재한다면 교육의 공급자도 자연 발생적으로 생겨나기 마련이다. 직접적이고 1차적인 교육 공급자는 교사다. 로마시대에는 교사와 학생이 일정한 장소에서 직접 만나 1:1 교육을 했다. 그러나 오늘날 일시에 대규모 교육이 필요하게 되면서 학교 또는 학원이 생겨났다. 그리고 교사들은 모두 학교나 학원에 소속되었다. 그 결과 오늘날 교육은 교육기관을 중심으로 이루어지고 있다.

교육의 공급자가 교육기관이라고 할 때, 교육의 공급자는 공식학교일 수도 있고 비공식 교육기관, 예를 들어 사설학원일 수도 있다. 교육의 공급자는 수요자와 마찬가지로 자신의 재산에 대해 결정권을 가져야 한다. 여기에 정부가 해야 할 일은 많지 않다. 정부는 교육 공급자인 학교나 사설학원이 사기와 같은 불법 행위를 저지르지 않는지를 감시하고 감독해야 한다. 그리고 제한된 범위 내에서 교육 공급자인 학교나 사설학원이 최소한의 교육 시설과 도구를 구비하고 있는가를 점검해야 한다. 물론 정부 스스로 처음부터 교육 공급자가 될 필요는 없다. 정부가 교육 공급자로서 역할을 할 것인가 하는 문제는 제2장에서 자세히 다룬다.

교육 공급자들은 자신들이 가장 잘 할 수 있는 교육을 교육 수요자들에게 제공함으로써 교육 수요자들의 선택을 받도록 해야 한다. 이 과정에서 교육 공급자들은 그들끼리 경쟁하지 않을 수 없다. 마치 재화의 생산자들이 수요자들의 선택을 받기 위하여 치열하게 경쟁하듯이 말이다. 그러나 교육 공급자들이 정부의 세금으로 운영된다면 여러 가지 제약이 있기 마련이다. 이것이 대학입시 교육에서 사설학원이 공식학교—국공립과 사립을 불문하고—보다 우수하고 사립학교가 국공립학교보다 우수한 이유다.

교육과 경쟁

인간의 욕구에 비해 자원은 언제나 희소하다. 자원의 희소성 때문에 그 자원을 누가 그리고 얼마나 소유하고 사용할 것인가를 결정해야 한다. 자본주의에서는 물론 그 자원에 대해 가장 비싼 대가를 지불하고자 하는 사람이 그 자원의 소유자 또는 사용자가 된다. 자원의 소유와 사용에 대해 누가 그 대가를 지불할 것인가를 결정하는 것이 경쟁이다. 이것은 물론 경쟁의 의미를 넓게 정의한 것이다.

이렇게 넓은 범위로 정의하면 경쟁은 어떤 한 산업 내에서만 일어나는 것이 아니라 다른 산업에 속한 경제주체들 간에도 일어난다. 예를 들어, 어떤 사람이 주택을 구매하고자 한다면 자동차 딜러는 자동차를 판매하는 기회를 잃게 된다. 즉 주택과 자동차는 경쟁하고 있는 것이다. 교육에 대해서도 동일하게 말할 수 있다. 교육에 많은 비용을 지출하면 다른 부문 또는 재화에 지출할 자원이 없거나 줄어들게 된다. 교육 내에서도 누가 자원을 소유하거나 사용할 것인가를 결정해야 한다. 만약 공식교육에 많은 예산을 지출하면 비공식교육에 지출할 자원이 줄어들거나 부족하게 된다. 해외 유학에 많은 자원을 사용하면 국내에서 사용되는 자원은 줄어들게 마련이다. 대학에 들어가는 데 많은 자원을 사용하면 대학 재학 중 그리고 대학 이후에 사용될 자원이 줄어들게 마련이다.

일반적으로 경쟁은 치열할수록 좋다. 경제 부문 간 또는 각 부문 내부에서 경쟁이 치열해지기 위해서는 자원의 소유와 처분에 있어서 자유가 전제조건이어야 한다. 그런데 한국의 현행 교육 제도는 학생 간 경쟁은 매우 치열하지만, 학교 간 경쟁과 교사 간 경쟁은 매우 느슨하다. 이는 고교평준화 정책과 국공립학교 때문이다. 교육 환경의 질이 낮은 학교에도 학생은 강제로 배정되기 때문에 좋은 학교가 되고자 하는 노력은 약화된다. 국공립학교의 경우에는 학교의 운영이 소비자의 선택과 무관하기 때문에 좋은 학교를 만들고자 하는 유인이 작아질 수밖에 없다. 이 점은 제5장에서 더 자세히 논의할 것이다.

경제에서 경쟁이 얼마나 중요한가를 보여주는 단적인 예가 있다. 자동차산업은 조선산업보다 더 먼저 한국에서 생산이 시작되었다. 그러나 자동차산업에는 처음부터 많은 규제가 도입되면서 경쟁이 제한되거나 억제되었고, 그와 반대로 조선산업은 국내시장이 작았기 때문에 처음부터 국제시장에서 치열하게 경쟁하지 않으면 안되었다. 그 결과 오늘날 조선산업은 여전히 경쟁력을 유지하고 있지만, 자동차산업은 1997년 경제위기 이후 극히 일부 자동차 회사만 생존하고 있는 형편이다. 경쟁의 정도가 두 산업의 국제경쟁력을 결정하는 가장 중요한 요소임을 보여주는 좋은 증거다. 제6장에서 자세히 보겠지만, 대학이 정상화되면 입시 경쟁은 고등학교 수준에서만 이루어질 것이고 현재처럼 중학교와 초등학교 수준으로 내려가지는 않을 것이다.

요약하면, 한국 교육 정책과 제도의 근저에 놓인 일관된 아이디어는 여러 부문에 걸친 경쟁의 억제다. 경쟁의 억제가 학생과 학부모의 삶의 질을 개선하기보다는 악화시켜왔다는 것이 진실일 것이다. 교육의 전 부문에 걸쳐서 경쟁을 확대하고 심화하도록 하는 것이 교육 문제를 해결하는 유일하고도 최선의 길이다.

교육과 심적이윤[8]

교육, 그중에서 경제계산이 가능한 부분은 경제행위임을 앞에서 보았다. 이런 관점은 교육전문가뿐만 아니라 일반인들로부터도 강한 불신을 받아왔다. 그들이 생각하는 불신 또는 의혹과 관련된 가장 중요한 문제를 여기에서 풀어보고자 한다. 다른 문제는 다음 장에서 다루고자 한다.

경제행위는 필연적으로 이윤을 추구하는데 그렇게 되면 지불 능력이 약한 계층에 속하는 학생이 교육을 받을 기회를 잃게 된다. 교육의 수요자가 효용의 극대화[9]를 추구하는 과정에서 혜택benefit과 비용cost을 진지하게 고려하게 된다. 여기에는 아무런 문제가 없다. 문제는 교육의 공급자 쪽에서 있을 수 있다. 교육의 공급자도 혜택과 비용을 고려하여 교육기관을 경영한다면 소득이 크지 않은 학생이 교육을 받을 기회를 잃을 수도 있다는 것이다.

그러나 먼저 한 가지 분명히 해야 할 것은 공급자가 이윤을 극대화한다고 말할 때, 그때의 이윤은 심적이윤psychic profit[10]이다. 심적이윤이란 공급자가 주관적으로 느끼는 이윤을 말한다. 극단적인 예로, 회계적으로 손실을 내고도 이윤이 났다고 공급자가 느낀다면 심적이윤이 있는 것이다. 외국 유명 대학의 경우에 한 해의 등록금

---

8 심적이윤에 대한 자세한 설명은 Rothbard(1993) 참조.

9 라스바드는 효용과 '효용 극대화'를 다음과 같이 설명하고 있다. 즉 "인간행동학 학파에게 '효용'은 사물 또는 실체 그 자체가 아니다. 효용은 모든 사람이 그의 다양한 목적들 중에서 가장 선호 순위가 높은 것에 매기는 라벨을 전적으로 의미한다. '효용 극대화'란 인간이 그가 덜 선호하는 목적보다는 그가 가장 선호하는, 가장 높게 평가하는 목적을 성취하기를 시도한다는 공식 원리를 전적으로 의미한다." Rothbard(2011), p. 808 인용.

10 경제행위를 하는 비영리단체도 심적이윤을 추구한다는 점에서 기업과 같은 영리단체와 다르지 않다. 다만 둘은 추구하는 목적이 다른 것이다.

만으로는 매년 회계적 손실이 발생하지만 기부금, 발전기금의 과실 등을 포함하면 이윤이 나거나 최소한 손실이 나지 않는 경우를 자주 볼 수 있다. 그리고 그런 상태가 지속되고 있는데도 다른 조치를 취하지 않는 것은 공급자들이 추구하는 것이 심적이윤을 극대화하는 것이기 때문이다. 교육 공급자뿐만 아니라 모든 공급자들은 심적이윤의 극대화를 추구하기 때문에 금전적 혜택과 비용만을 고려할 것이라는 주장은 틀린 것이다. 물론 공급자에 따라서 또는 동일한 공급자라도 때에 따라서는 금전적 이윤을 극대화하는 경우가 있을 수 있다. 그 경우에는 심적이윤과 금전적 이윤이 일치하는 것이다.

교육의 공급자가 금전적 이윤보다 심적이윤을 더 고려한다는 점은 다음과 같은 사실에서도 알 수 있다. 대학이 학업 능력은 우수하지만 경제적 능력이 취약한 학생을 장학금 등으로 유치하여 학생 간 경쟁을 자극할 뿐 아니라 그 학생이 학교를 졸업한 후에 학교의 명성을 높이는 일에 기여할 수 있도록 하는 경우를 볼 수 있다. 이 경우는 금전적 이윤만을 고려하는 경우에 일어날 수 없는 것이다.

교육을 경제원리에만 맡긴다면 경제능력이 취약한 학생에게는 교육 기회가 주어지지 않을 것이라는 주장은 경제행위의 기본 동기를 잘못 이해했기 때문에 생겨난 것으로 틀린 것이다. 미제스는 이윤에 대해서 다음과 같이 지적한다. 즉 "이윤은 가치평가를 논하지 않고서는 정의될 수 없다. 그것은 가치평가 현상이며, 외부 세계의 물리적 현상과 다른 현상과는 아무런 직접적인 관계가 없다."[11]

---

11 Mises(1966), 396쪽 인용.

3

경제행위와 가격

　경제행위는 가격 측면과 비가격 측면으로 대별할 수 있다. 먼저 경제행위에서 가격 측면을 설명한다. 교육에서 가격이란 각 학교의 등록금, 과외비, 교사의 연봉, 학교의 설립에 드는 비용, 교재의 가격, 급식비, 각종 설비 구입비 등이 그 예다. 모든 경제행위는 '지불하는 대가'라는 관점에서 가격 또는 비용이 존재한다. 그러나 모든 경제행위에 '명시적인' 가격이 존재하는 것은 아니다. 즉 명시적인 가격이 존재하지 않는 경제행위도 존재할 수 있다는 것이다. 여기에서는 경제행위에 있어 가격의 역할과 기능을 설명하고자 한다. 가격의 역할과 기능을 정확히 이해하는 것은 경제행위로서의 교육을 분석하는 데 도움이 될 것이기 때문이다. 여기에서 가격이라 함은 정부의 간섭이 없는 자유시장에서 수요와 공급에 의해 결정되는 가격, 즉 자유시장가격을 말한다.

　재화나 서비스의 가격은 정보 제공 기능, 인센티브 제공 기능, 소득 분배 기능, 경제계산 기능 등을 한다. 앞에 나열한 기능을 간략히 설명하고자 예를 들어보겠다. 베이비붐 세대가 결혼하여 아이를 낳았고, 이제 그 아이가 자라서 학교에 갈 나이가 되었다고 가정하자. 학력아동의 증가로 연필에 대한 수요가 증가하고 그 결과 연필의 가격 또한 상승했다고 가정하자. 연필의 가격 상승은 연필 생산에 관련된 사람들, 예를 들어 고무지우개 생산자로 하여금 고무지우개를 더 많이 생산할 수 있게 하는 정보가 된다. 고무지우개 생산자는 학력아동의 증가와 같은 정보 없이 연필 가격의 상승만으로도 연필 시장의 변화를 이해하고 고무지우개 생산을 늘릴 수 있는 판단을 할 수 있게 된다. 이것이 가격의 정보 제공 기능이다.

특별한 일이 없다면, 연필 가격의 상승은 연필의 생산자와 소비자, 모두에게 어떤 행동을 하도록 유도한다. 연필 가격의 상승은 고무지우개 생산자로 하여금 고무지우개를 예전보다 더 많이 생산하도록 유도한다. 연필이 예전보다 더 비싸졌기 때문에 연필의 사용자는 연필을 더 아껴 사용하거나 다른 필기도구를 사용하고자 할 것이다. 이것이 가격의 인센티브 제공 기능이다. 즉 가격 또는 가격의 변화가 생산자와 소비자, 둘 모두에게 행동의 변화를 유도한다는 것이다.

연필 생산자는 연필을 생산할 때 연필 생산에 참여하는 사람, 예컨대 노동자, 자본을 빌려준 은행가, 토지 임대업자 등에게 연필 생산에 기여한 각자의 몫을 지불한다. 이것이 가격의 소득 분배 기능이다.[12]

가격이 정부에 의해 왜곡되거나 통제된다면 가격의 세 가지 기능인 정보 제공 기능과 인센티브 제공 기능, 소득 분배 기능은 어떻게

---

[12] 가격의 이 기능은 '선성장 후분배'라는 개념이 잘못 만들어진 것임을 보여준다.

될 것인가? 가격이 정부에 의해 왜곡되거나 통제된다면, 앞에서 설명한 세 가지 기능은 모두 다른 결과를 초래한다. 가격이 자유롭게 결정될 때 세 가지 기능이 초래할 결과와 비교하여 그렇다는 것이다. 가격이 규제되는 경우에 발생하는 폐해에 대해서는 제2장과 제4장에서 다룰 것이다.

지금까지 우리는 연필을 생산하는 데 드는 모든 것의 가격을 알고 있다고 가정했다. 비록 그 전제가 암묵적이지만 말이다. 이제 연필을 생산하는 데 필수적인 생산 기계의 가격을 모른다고 가정하자. 그 경우, 연필 생산자는 연필 가격을 계산할 수 없다. 연필 생산 기계의 가격을 모르기 때문이다. 가격을 모른다면 연필의 생산이 이윤이 나는지, 손실이 발생하는지를 계산할 방법이 없다. 이처럼 가격은 경제계산에 필수적이다.

가격의 경제계산 기능을 이용할 수 없다면 어떻게 되겠는가? 대부분의 재화 가격을 쉽게 활용할 수 있는 현대의 화폐 경제 세계에서 이 질문은 무의미한 것처럼 보인다. 그러나 한국 교육에서는 가격이라는 정보가 없기 때문에 경제계산이 불가능한 부분이 많다. 사회주의가 붕괴한 근본적인 이유는 이러한 경제계산이 불가능했기 때문이다. 자본주의 국가라고 지칭되는 국가에서도 사회주의가 존재하고 있고 바로 그 이유로 경제계산이 불가능하거나 부정확할 수 있다. 제4장에서 보겠지만 한국 교육도 상당 부분 사회주의 성격을 띠고 있기 때문에 경제계산이 매우 어렵다.[13] 경제계산이 어려워지면 자원배분과 관련하여 각종 문제와 폐해가 발생한다. 그리고

---

13 이 점에 대한 자세한 설명은 Mises(1996), 제25~26장 참조.

그 정도가 극심해지면 국가가 붕괴할 수도 있다.

지금까지 가격의 특징 또는 기능을 세부적으로 나누어 설명했다. 가격의 특징 또는 기능을 하나로 통합한다면 '가격조정price coordination' 기능이라고 부를 수 있다. 가격조정이란 가격이 어떤 재화를 누가, 얼마나, 어떻게 생산할 것인가를 결정하고, 거기에 따라 생산에 참여한 각자의 몫이 얼마인가가 결정되며, 기업가의 이윤과 손실, 소비자로서의 몫이 결정되는 것을 말한다.[14]

예를 들어, A라는 소비재의 가격이 결정되면 그 가격은 소비재에 들어가는 부품들과 생산요소들의 가격을 결정한다. 이것을 가격조정이라고 한다. 그리고 어떤 부품을 누가 그리고 얼마나 생산할 것인가도 가격이 결정한다. 이때 가격이 경제주체들의 협력행위를 유도한다는 점에서 가격조정이라 일컫는다. 한 마디로, 경제행위에서 가격은 가장 중요하고 필수적이다. 만약 정부가 가격을 왜곡하거나 통제하면 여러 가지 폐해가 발생할 수밖에 없다. 즉 오늘날 교육에서 발생하고 있는 많은 문제 또는 폐해는 정부가 가격을 왜곡하거나 통제하거나 제거했기 때문이다. 이 점에 대한 자세한 설명은 제4장과 제5장에서 하고자 한다.

---

14 이 기능은 오스트리아학파의 거시경제학을 위한 미시적 기초라고 할 수 있다. 가격 조정 개념에 대한 자세한 내용은 Salerno(2011) 참조.

경제행위와 비가격

앞절에서 경제행위에서 가격의 기능을 설명했다. 여기에서는 경제행위에서 비가격 측면을 살펴보기로 한다. 교육에서 비가격이라 함은 학생의 수와 학생 정원, 교사의 수와 교사 정원, 교실 및 시설, 교육용 기자재, 교육 프로그램의 양과 질 등이다. 교육의 다른 비가격 측면도 많이 있지만 생략한다.

비가격 요소는 가격과 밀접한 관련이 있다. 예를 들어, 교육의 품질이라는 관점에서 가장 중요한 것들 중 하나는 교사 일인당 학생의 수다. 교사의 실력이라는 정성적 요인을 제외할 경우, 어쩌면 교사 일인당 학생 수가 교육의 품질을 평가하는 잣대로 가장 중요한 것일지 모른다. 물론 최선은 교사 일인당 학생의 수가 한 명인 것이다. 하지만 현실에서 우리가 그렇게 하지 못하는 것은 자원의 부족 때문이기도 하고 교육의 생산에 있어서 어느 정도까지는 규모의 경제가 작용하기 때문이다. 그리고 교사 일인당 학생의 수가 적어질

수록 그 교사를 위하여 교육 수요자인 학생들은 더 많은 대가를 지불해야 한다.

그리고 교사 한 명당 학생의 수가 매우 적은 교육인 과외는 교사 일인당 학생 수가 많은 공식교육과 대비할 수 있다. 물론 예외는 있겠지만 적어도 평균적으로 그렇다는 것이다. 그 점에서 비공식교육, 그중에서도 과외는 공식교육보다 우수한 품질의 교육임이 분명하다. 그러나 과외도 공식교육과 같이 입시교육에만 중점을 둔다는 점에서 문제가 있다는 것도 사실이다. 그리고 과외, 즉 비공식교육이 무슨 타도의 대상이 되는 것처럼 주장하는 관료, 교육학자 등은 공식교육과 비공식교육의 특성을 잘못 이해한 것으로 밖에 볼 수 없다.

정부가 교육의 가격을 통제하면 사실상 교육의 비가격 측면이 영향을 받는 경우가 대부분이다. 둘이 밀접히 연결되어 있기 때문이다. 예를 들어, 정부가 대학의 등록금을 통제하면 대학은 학생의 정원을 적절히 조절하는 방법으로 대응할 수 있다. 이 점을 염려하는 정부는 교육의 비가격 측면, 예를 들어 학생 정원을 통제하는 경우도 볼 수 있다. 정부가 대학의 등록금을 긴 시간 동안 규제한 결과 연간 약 15만 명의 학생이 재수를 하고, 약 2~3만 명의 학생이 해외로 유학을 간다. 이 모든 학생이 물론 고품질의 교육을 받기 위해 재수를 하고 해외로 유학을 가는 것은 아니다. 일부 학생은 불필요한 재수를 하거나, 도피성 유학을 하는 경우를 볼 수 있다. 그러나 그 많은 재수생과 유학생이 매년 발생하고 있는 것은 등록금이 매우 낮게 규제되어 있을 뿐 아니라 정원이 규제되어 있기 때문이다. 등록금과 정원이 동시에 규제됨에 따라 대학은 이제 전임 교수를 적게 채용하는 방법으로 대응한다. 대학 교수의 확보율이 낮은 것은 정부가 등록금과 학생 정원을 모두 규제하고 있기 때문이다. 정부가 교육의 가격과 비가격 모두를 통제하는 경우, 재수생과 유학생 외 더 많은 다른 문제와 폐해도 만들어낸다. 이 점에 대한 자세한 설명은 제4장에서 할 것이다.

정부가 교육의 비가격 측면을 통제하거나 규제하는 것을 일반적으로 '독점monopoly'이라고 한다. 독점의 예로 학교의 설립을 인가하는 것, 학생의 정원과 교사의 수를 규제하는 것 등이 있다. 교육에는 앞에서 나열한 것을 제외하고도 많은 독점이 있다. 독점은 많은 폐해를 불러온다. 독점의 폐해에 대한 자세한 설명은 제4장과 제5장에서 하고자 한다.

제 2 장

교육을 **민간이 담당**해야 하는
근본적 이유

제1장에서 보았듯이 교육 프로그램 자체를 제외한 교육은 대부분 경제행위다. 교육이 경제행위지만 교육 서비스의 공급을 누가 담당할 것인가 하는 문제는 심도있는 검토가 필요하다. 우리 사회에는 교육전문가뿐 아니라 경제학자마저도 교육을 정부가 공급해야 한다고 끊임없이 주장한다.[15] 그리고 그 주장에 따라 우리 사회에서는 실제로 교육에서 민간보다는 정부의 역할이 처음부터 컸고 해방 이후로 지속적으로 증대해왔다.

그러나 이 장[16]에서는 교육이 공공재가 아니라 사적 재화이고, 외부경제가 있지만 민간이 생산하는 것이 효율적이란 것을 논리적으로 증명하고자 한다. 교육이 공공재이고 외부경제가 있기 때문에 정부가 생산해야 한다는 믿음은 교육전문가와 일부 경제전문가 사이에서는 널리 퍼져 있다. 그러나 그런 믿음은 틀린 것이다. 그리고 잘못된 믿음을 없애지 않으면 안타깝지만 교육계가 직면하고 있는 각종 병폐와 문제를 해결할 길은 매우 멀어질 것이다.

---

15 교육의 공공성과 대학의 사회적 책무를 강조하는 논문으로는 이보경, "대학에게 자율을 주고 책임을 물어라: 대학의 국제경쟁력을 확보하고 '신분 상승의 사다리'의 기능을 회복하여야", 2015. 2. 미발표 논문을 참조.

16 이 장은 안재욱 외(2011)에서 필자가 쓴 부분을 발췌·수정한 것이다.

1

교육은 공공재인가[17]

　국가가 교육을 통제하는 논거로 교육이 공공재public goods라 주장하는 것을 자주 볼 수 있다. 그러나 교육은 공공재가 아니라 전적으로 사적 재화private goods이고, 교육의 수요와 공급은 사적 영역에 속한다. 여기에서는 먼저, 교육이 공공재라는 주장이 과연 얼마나 타당한가를 검토하고자 한다.

　공공재를 연구하는 사람들은 어떤 재화가 두 가지 특성, 즉 '비경합성non-rivalry'과 '비배제성non-excludability'을 가지면 공공재로 정의한다. 비경합성이란 어떤 재화를 한 사람이 소비한다고 해서 그 재화의 양이 감소하지 않는 특성을 말한다. 그러므로 비경합성이 있는 재화는 여러 사람이 동시에 소비할 수 있다. 비배제성이란 대가를 지불하지 않는 사람이라도 소비에서 배제되지 않는 것을 의미한다.

---

17 이 부분은 김진영·현진권(2008)과 현진권(2010)에서 일부 참조했다.

대부분의 재화는 경합성과 배제성이라는 특징을 가진다. 만약 어떤 사람이 연필을 구매하여 사용한다고 하자. 그 사람이 연필을 소비하면 다른 사람이 소비할 연필이 남아있지 않다. 그리고 대가를 지불하지 않는 사람은 연필을 구매하여 사용할 수 없다. 연필은 경합성과 배제성이라는 특성을 가진 재화로서 세상에 흔한 사적 재화들 중 하나다.

이제 공공재 이론을 교육에 적용해본다. 교사가 한 명, 학생이 한 명인 경우를 생각해보자. 교사는 학생을 위해 맞춤형 교육을 실시할 수 있고, 수업 시간 동안 모든 시간과 노력을 학생을 위해 사용할 수 있다. 이제 학생이 두 명으로 늘어났다고 가정하자. 이 경우, 두 학생의 교육 수준이 완전히 동일해지는 경우를 제외하고 교사의 교육이 한 학생의 교육 수준에만 근접하면 다른 학생은 그 교육을 이해하기 어렵게 되어 불만이 생긴다. 만약 두 학생의 교육 수준이 전혀 다르다면 교사가 실시하는 교육의 비경합성 유무 이전에, 교사가 두 학생을 같은 시간에 한 교실에서 가르칠 수 없다. 한 교실의 학생 수가 많아질수록, 학생의 교육 수준이 서로 다를수록 이러한 상황은 가중된다. 그렇기 때문에 최선의 교육은 교사 한 명이 학생 한 명을 교육하는 것이다. 우리가 현실에서 그렇게 하지 않는 것은 비용 때문이다. 이 점은 학생이 교사에게 질문을 하는 경우에 두드러진다. 한 학생이 질문하면 다른 학생은 사실상 교사의 시간과 노력이라는 관점에서 어느 정도 경합적인 상태에 있는 것이다. 학생이 질문을 하고 교사가 대답을 하는 시간 동안, 교사는 상대적으로 다른 학생에게는 주의를 적게 기울일 수밖에 없기 때문이다. 학생 수가 많아질수록 이러한 경합성은 두드러진다. 그리고 과외 교육에서 보듯이 교육에서 대가를 지불하지 않는 사람을 쉽게 배제할 수 있다. 국공립학교의 경우, 공교육이라는 이유로 학생을 배제할 수 없도록 하기 때문에 교육이 마치 비배제적인 것처럼 보일 뿐이다. 결국 교육은 공공재가 아니라 사적 재화다.

로마 시대의 교육은 교육을 받는 사람이 자기가 원하는 과목을 일정한 대가를 지불하고 교사로부터 직접 배우는 방법이었다고 한다. 즉 그 시대의 교육은 오늘날의 과외나 가정교사 방식의 교육과 매우 유사했다. 조선왕조 시대에도 '성균관'이란 예외를 제하면 주요 교육 제도는 '서당'이었다. 이때 서당에서 행해진 교육은 교육생의 부모가 대가를 훈장에게 지불하는 방법으로서 전적으로 사적 재화라 할 수 있다. 그리고 근대국가가 성립하면서 학교교육이 본격적으로 시작되었지만 그 공급자는 민간이었고, 정부나 국가가 학교교육을 실시하게 된 것은 민간에 의한 학교교육이 보편화된 이후였다. 그러므로 역사적으로도 교육은 사적 재화였다. 그러나 정부나 국가의 역할이 증대하면서, 즉 근대 국민국가nation state가 성립되면서 국가가 학교교육을 무상으로 보급했다. 즉 교육이 공공재이기 때문에 정부나 국가가 생산하고 공급한 것이 아니라 정부나 국가가 교육을 공공재로 만들었다는 것이다.

앞에서 공공재의 정의에 비추어 교육이 공공재가 아님을 증명했다. 지금부터 공공재 이론에 대한 비판을 크게 세 가지 관점에서 제시하고자 한다. 제도적·경제적 환경이라는 관점, 공공선택이론이라는 관점, 오스트리아학파의 경제학에 근거한 관점 등이 그것이다. 세 가지 관점을 차례로 논의하면 다음과 같다.

첫째, Cowen(1985)은 재화의 본질적 특성보다는 제도적·경제적 환경에 따라 그 특성이 바뀔 수 있다고 주장한다. 도로를 예로 들어 보자. 일반적으로 비경합성과 비배제성을 만족시키는 대표적인 재화로 도로를 꼽는다. 평상시 혼잡이 발생하지 않는 도로는 공공재의 두 가지 특성을 잘 만족시키는 것처럼 보인다. 그러나 출퇴근 시간과 같이 큰 혼잡이 발생하는 경우 도로를 사용한다는 것은 경합성과 배제성을 가지게 되기 때문에 사적 재화처럼 작동한다. 그러므로 Cowen(1985)은 어떤 재화가 공공재의 두 가지 특성을 만족시키는가 여부보다는 어떤 재화가 놓이게 되는 경제적 환경 또는 제도적 환경을 중요시해야 한다고 주장한다. 그는 이런 주장을 바탕으로 정부가 어떤 재화를 어느 정도 공급하느냐에 따라 사적 재화도 되고 공공재도 된다고 지적한다. 만약 정부가 어떤 재화를 필요 이상으로 많이 공급하면 공공재의 특성을 만족시키게 되어 공공재가 되는 경향이 있다는 것이다. 즉 특정 재화가 공공재라서 정부가 공급하는 것이 아니고 정부가 시장 간섭을 통해 필요 이상으로 많이 공급하게 되면 공공재가 된다는 것이다. Cowen은 공공재를 인정하는 논리가 정부의 시장개입을 정당화 또는 합리화시키기 위한 것이라고 주장한다. 그리고 이러한 논리는 "어떤 재화를 정부가 공급하면 공공재가 된다"라는 인식의 오류와 무관하지 않다고 주장한다.

둘째, 공공선택 이론에 의한 공공재 이론에 대한 비판을 보기로 한다. Forte(1967)는 사무엘슨이 1954년에 발표한 "The Pure Theory of Public Expenditure"라는 논문에서 공공재 이론을 이용하여 정부지출을 정당화시키는 논리를 전개했다고 비판했다.[18] 즉 공공재 이

---

[18] 정부지출을 연구하는 사람들은 사무엘슨이 1954년에 발표한 상기의 논문을 공공재 이론의 시발점으로 간주한다.

론은 튼실한 경제 이론이기보다는 정부의 행위를 정당화하기 위하여 창안된 것이다.

셋째, 공공재 이론을 비판하는 또 다른 시각은 오스트리아 학파의 경제학에 뿌리를 두고 있다. Holcombe(1997, 2000)은 공공재 이론이 정부가 공공의 이익을 위해 일한다는 인식을 심어주기 위한 도구로 사용된다고 주장하고 그 점에서 교육, 특히 공교육은 정부의 구성원, 즉 관료의 이익을 위하게 된다는 것이다. 즉 Holcombe은 다음과 같이 적고 있다. "공공재 이론은 국가가 지배하는 고등교육 체제의 산물이고 정부 행위가 정당하다는 인식을 강화해왔다."[19]

결국 교육의 공공성, 더 구체적으로 교육이 공공재라는 주장은 그 근거가 취약하다는 걸 알 수 있다. 교육은 전적으로 사적 재화이고 사적 영역에 속하는 것이다. 물론 사적 재화는 공급자와 수요자가 자율적으로 생산하고 선택할 수 있는 권리를 가진다. 그리고 그렇게 되어야 한다. 역사적으로 근대 국가 이전에 교육은 사적 재화였고, 현재도 국공립학교보다 사립학교가 국민이 원하는 품질의 교육을 잘 공급하고 있음도 부인할 수 없는 사실이다. 교육이 공공재라는 이론 또는 주장은 공공의 이익을 위하여 발전된 것이 아니다. 교육이 공공재라는 이론 또는 주장은 정부 또는 국가의 교육에 대한 간섭과 통제를 합리화하기 위해 만들어지고 널리 사용되어 왔다고 할 수 있다.

---

19 Holcombe(1997), p. 2에서 인용.

2

교육의 외부경제[20]

　인간의 행동이 외부에 미치는 영향에 대하여 주류 경제학인 신고전학파 경제학은 다음과 같이 구분하고 있다. 어떤 경제주체의 행위가 다른 경제주체들에게 피해를 주지만 이에 대하여 대가를 지불하지 않는 경우를 '외부불경제external diseconomy'라고 한다. 한 경제주체의 행위가 다른 경제주체들에게 이득을 주지만 이에 대한 대가를 받지 못하는 경우를 '외부경제external economy'라고 한다. 전자와 후자의 대표적인 예로 환경오염과 교육을 각각 들고 있다. 외부불경제와 외부경제를 모두 지칭할 때는 '외부효과external effect' 또는 외부성이라고 한다. 여기에서는 교육과 직접적인 관련이 있는 외부경제만을 설명하고자 한다.[21]

---

20 이 부분에 대한 근본적인 설명은 Mises(1996)를 참조.
21 외부불경제에 대한 자세한 내용은 전용덕(2007)을 참조.

외부경제의 경우에는 행위를 한 경제주체가 모든 이득을 수확할 수 없기 때문에 시장에서는 외부경제가 발생하는 재화나 용역을 사회적으로 바람직한 수준보다 적게 생산한다고 주류경제학자는 주장한다. 예를 들어, 교육을 개인에게 맡기면 사회적으로 바람직한 수준보다 적은 양의 교육에 투자한다고 주류경제학자는 주장한다. 교육은 분명히 타인에게 긍정적인 영향을 미치지만 그 대가를 모두 받을 수 없는 경우도 있다. 그러므로 개인은 사회적으로 바람직한 수준보다 적은 양의 교육을 받고자 한다. 그에 따라 교육의 공급도 충분히 이루어지지 않는다. 그러므로 정부가 개입하여 사적 교육 공급자가 공급하는 교육보다 더 많은 양의 교육을 공급해야 한다는 결론에 이르게 된다. 이런 주장이 공립학교의 설치와 운영의 근거가 되어왔고, 그 결과 공립학교가 증가해왔다. 그리고 공립학교의 설치와 운영을 국가가 책임지면서 공립학교를 통제하는 규제가 사립학교의 통제로 확장되어 왔다.

한 마디로, 주류 경제학은 외부효과가 있는 경우에 시장은 실패하기 때문에 정부가 적극적으로 시장에 개입해야 한다고 주장한다. 즉 주류 경제학은 이런 시장실패market failure에서 정부의 시장 간섭 또는 개입의 정당성을 찾는다. 문제는 과연 주류 경제학의 이런 주장이 옳은가 하는 것이다.

외부경제에 대하여 먼저 지적해야 할 것은 외부경제가 외부불경제의 단순한 정반대 또는 역逆이 아니라는 점이다. 외부경제는 외부불경제와 분리해서 생각해야 한다. 외부경제는 그 자체로서 고유한 영역과 특징을 가지고 있다. 그러나 주류 경제학은 외부경제를 마치 외부불경제의 역인 것처럼 취급하고 있다.

어떤 행위자의 행동이 자신뿐만 아니라 타인에게도 혜택을 가져다준다면 두 가지 가능성 또는 대안이 있다. 하나는 자신에게 돌아오는 이득이 매우 큰 경우다. 이 경우에 행위자는 어떤 행동이나 계획에 필요한 모든 비용을 지불하고자 한다. 미제스는 철도회사의 예를 제시한다. 산업화 초기, 산사태가 일어날 가능성이 높은 지역에 철로를 건설할 때 철도회사가 산사태를 방지하는 차단막을 건설하는 경우를 볼 수 있었다. 산사태 방지 차단막의 설치로 차단막 인근 주민은 엄청난 이득을 본다. 매년 발생하던 산사태로부터 안전할 수 있기 때문이다. 철도회사는 차단막 설치가 인근 주민에게 이득을 주지만 이에 대한 대가를 받을 수 없다는 점을 너무도 잘 안다. 그럼에도 불구하고 철도회사는 산사태 방지 차단막의 설치를 연기하거나 포기하지 않는다. 차단막의 규모를 줄여서 산사태가 일어날 여지를 남겨두고 차단막을 설치하지도 않는다. 철도회사는 차단막으로부터 얻는 이득이 매우 크기 때문에 모든 비용을 자신이 지불한다. 철도회사는 차단막을 설치할 때, 타인이 대가를 지불하지 않으면서 이득을 누린다는 점을 전혀 고려하지 않는다. 다른 말로 하면, 차단막 설치로 인한 외부경제가 차단막 설치에 대한 철도회사의 결정과 행위에 영향을 미치지 않는다는 것이다. 그러므로 이 경우에 주류 경제학자의 지적처럼 과소 생산의 우려는 전혀 없다. 그리고 교육이 바로 여기에 해당한다.

두 번째 가능성 또는 대안은 어떤 프로젝트에 소요되는 비용이 너무 커서 누구도 혼자서 혹은 소수가 모든 비용을 부담하지 않으려고 하는 경우다. 그 프로젝트가 실현되기 위해서는 그 프로젝트와 관련 있는 충분한 수의 사람들이 비용을 분담해야만 한다.

외부경제에 대해 두 가지 대안만을 설명하는 것으로 충분할 것 같다. 자유시장경제에서 그것이 전부인 것이다. 그러나 미제스는 『인간행동』에서 주류 경제학과 같은 가짜 경제학 문헌들이 외부경제를 전적으로 잘못 해석함으로써 외부경제에 대한 추가 설명이 필요하다고 역설한다. 특히 두 번째 가능성 또는 대안에 대해서 주류 경제학의 오류가 많다는 것이다.

이제 두 번째 대안에 대한 주류 경제학의 오류를 미제스의 설명을 빌려 지적해본다. 주류 경제학자들은 자본주의의 이윤제도가 지닌 모순점을 지적했다. 예를 들어, 'C사업'이 이윤이 나지 않는 것은 기업가들의 계산이 C사업으로부터 생겨나는 외부경제를 무시하기 때문이라고 주장한다. 그러나 사회 전체적인 관점에서는 C사업에서 발생하는 이득은 더 이상 외부적인 것이 아니라는 것이다. 주류 경제학자는 그런 외부경제는 적어도 사회의 일부 구성원에게 이득을 주고 그 결과 전체 효용을 증가시킨다고 주장한다. 그러므로 C사업을 시행하지 않는다면 사회 전체적으로 그만큼 손실이다. 이윤만을 추구하는 기업은 이윤은 나지 않지만 사회 전체적으로 이득이 되는 사업을 시행하지 않을 것이기 때문에 정부가 그런 사업 또는 프로젝트를 시작해야 한다는 것이다. 정부는 자신이 직접 공기업을 운영하거나 개인 투자자나 기업가가 그 사업을 할 수 있게 보조금을 주어야 한다고 주류 경제학자는 제안한다.

정부가 외부경제를 이유로 C사업을 시작한다고 가정해보자. 물론 정부는 C사업에서 외부경제를 이유로 사회적으로 바람직한 수준보다 과소 생산되고 있다고 판단되는 재화나 용역을 생산한다. 정부가 어떤 사업을 수행하기 위해서는 필연적으로 자원이 필요하고 그것은 세금의 형태로 국민의 소득에서 온다. 정부가 어떤 사업을 수행하기 위하여 무에서 유를 창조할 수 있는 것은 결코 아니다. 정부는 무엇을 생산하는 조직이 결코 아니고 그렇게 될 수도 없기 때문이다. 국민이 낸 세금은 그 사업을 실천하지 않았다면 국민 각자가 자신이 더 필요하다고 생각되는 곳에 사용되었을 것이다. 그러나 사업을 위한 세금 납부로 국민 각자는 자신의 욕망 일부를 충족시키는 것을 포기해야만 한다. 즉 정부가 많이 소비하면 국민은 그만큼 적게 소비할 수밖에 없다. 정부가 이윤이 나지 않는 사업을 시행하면 그만큼 민간 부문에서는 같은 크기이면서 이윤이 날 수 있는 사업 기회가 사라지는 것이다. 물론 민간에서 실현되지 못한 사업은 소비자들이 더 원하는 것이다. C사업과 관련하여 한 가지 분명한 것은 그 사업에서 생산할 재화 또는 용역에 대하여 소비자의 우선순위가 낮다는 것이다. 그렇기 때문에 그런 사업을 정부가 시작하기 전에 민간 부문private sector에서 시행하지 않았던 것이다. 만약 C사업으로 생산할 재화나 용역에 대한 소비자의 우선순위가 높다면 그 만큼 수요가 많고 이윤이 날 것이 예상되어 정부가 그 사업을 시행하기도 전에 이미 민간 부문 또는 기업가가 시행했을 것이다. 이윤 기회를 찾는 기업가가 그런 기회를 간과하지는 않을 것이다. 이제 세금을 징수하여 C사업을 시행한다는 것은 소비자로부터 더 큰 만족을 빼앗고 작은 만족을 제공하는 것이다. 결국 C사업의 시행으로 소비자들은 더 많이 가진 것이 아니라 더 적게 가지게 된다.

한 마디로, 외부경제가 있는 경우에도 정부의 간섭이 없는 자유시장경제가 최선이다. 만약 정부가 간섭한다면 필연적으로 시장에서 소비자의 자유로운 선택에 의한 결과보다 효용은 명백히 낮아진다. 외부경제가 있다고 주장되고 있는 영역은 엄청나게 많다. 앞에서 언급한 교육, 철도, 교량, 항만, 도로, 공항, 하천, 조림, 발전, 물 공급과 상하수도 유지, 통신, 우편, 화폐의 발행과 은행 제도, 예금보험, 연금과 건강보험, 방역체계의 유지, 치안, 국방, 사법 체계의 유지, 식량 안보용 농업, 복지, 그린벨트 유지, 공용 택지 개발, 산업단지 조성 등, 정부가 하는 거의 대부분의 일이 여기에 포함된다.

교육은 흔히 외부경제가 있는 재화라는 이유로 국가가 생산하거나 통제해야 한다는 논리를 주장하는 것을 볼 수 있다. 그러나 교육이 외부경제가 있는 재화라 하더라도 국가가 생산하거나 통제해야 할 이유는 없다. 교육은 그 대가가 오롯이 그것을 구입하거나 소비하는 사람에게 돌아간다. 그러므로 교육은 외부경제가 있는 것은 사실이지만, 국가가 생산을 독점하거나 통제해야 할 이유가 전혀 없다.

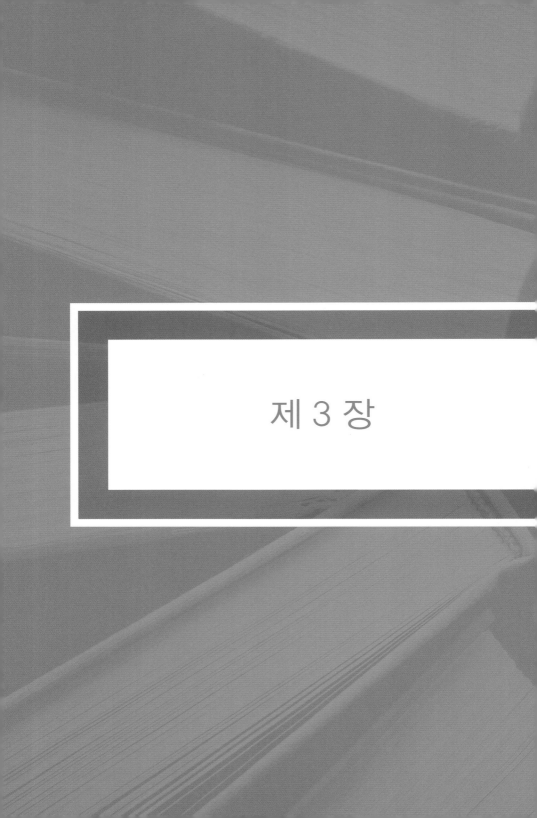

제 3 장

한국 교육의 주요 문제:
교육 수요자의 관점에서

이 장에서는 한국 교육의 문제를 교육 관련 주체들과 정부로 구분하여 지적한다. 여기에서 한국 교육의 문제란 크게 두 가지다. 하나는 교육의 주체 스스로가 문제라고 생각하는 것이고, 다른 하나는 시스템 분석가인 저자가 보기에 문제라고 판단되는 것이다. 한국 교육의 구체적인 쟁점에 대해서는 제5장에 그 대책과 함께 분석하고자 한다. 여기에서는 제5장에서 다루는 쟁점을 포괄하는 더 구조적이고 본질적인 문제를 교육 관련 주체들, 즉 학생과 학부모, 교사, 학교 등과 정부로 나누어 지적하고 그 원인에 대한 자세한 분석은 제4장에서 다룬다. 그러므로 여기에서 지적하는 문제가 한국 교육 문제의 전부가 아님은 분명하다.

1

학생과 학부모

대학교육에 대한 수요와 공급의 불일치

우리가 교육이라고 할 때 교육은 흔히 초등학교 교육부터 대학 교육까지를 말한다. 그러나 학생과 학부모 입장에서는 대학 교육이 그 어떤 교육보다 중요하다. 왜냐하면 대학 교육이 공식 교육기관의 교육으로서는 종착역이기 때문이다. 바로 그 이유로 초등학교부터 고등학교까지의 교육은 대학 교육을 위해 거쳐야 하는 필수 과정이면서 보조 과정이기도 하다. 사설학원, 과외 등과 같은 비공식 교육기관의 교육은 더 말할 것이 없다. 좀 과장해서 말하면, 학생과 학부모는 일차적으로는 대학 관문을 통과하기 위해 필요한 모든 조치를 단계적으로 하고 있다고 할 수 있다. 그러므로 분석의 초점을 대학 교육에 맞추지 않을 수 없다. 그리고 대학에 입학하고 난 이후의 과정도 학생과 학부모의 관심 사항이긴 하지만 대학 입학만큼 심각하지 않기 때문이다.

경제행위라는 관점에서는 대학 교육에 대한 수요와 공급을 비교하면 중요한 함의를 얻을 수 있다. 2011년에 재수생의 수는 약 15만 명이었다. 재수생 수는 1996년에 약 30만 명까지 늘어났다가 최근에 약 절반 수준으로 감소했다. 2013년에 학사 학위 취득을 위해 유학을 간 학생 수는 약 14만 명, 초등학교부터 고등학교까지 조기유학을 간 학생 수는 약 1만 2,000명이다. 대학 학위 취득 기간을 4년[22]으로 잡으면 대학 학위 취득을 위한 연간 유학생 수는 약 3만 5,000명이고 여기에 조기유학생 수 약 1만 2,000명을 합산하면 연간 총 유학생 수는 약 5만 명 정도다. 재수생과 유학생의 수가 가변적이지만 분명한 것은 매년 약 20만 명 정도의 학생이 한국의 대학에 진학하지 못하고 있는 것이다. 1996년에는 재수생만 연간 약 30만 명이었으므로 그보다 더 많은 인원이 대학에 진학을 못했다고 하겠다. 다시 말하면, 수요에 비해 공급이 모자라는 정도가 과거에는 연최대 30만 명—이 수치는 유학생 수를 포함하지 않은 것임—이상이었고 최근에는 연 약 20만 명 정도임을 알 수 있다.

수요에 비해 공급이 모자라는 상태는 최근에 일어난 일이라거나, 단기간 동안 빚어진 일이 아니고 매우 오랫동안 지속되어 왔다. 그리고 그 규모도 작지 않다. 수요에 비해 공급이 부족한 상태를 '초과수요execss demand'라 부른다. 큰 규모의 초과수요가 오랫동안 지속된 원인은 무엇인가? 초과수요에 영향을 미치는 요인은 여러 가지가 있지만 그중 가장 중요한 것은 정부가 대학 등록금을 자유시장가격

---

22 약대와 같은 대학은 학위 취득에 6~8년이 걸리기 때문에 학위 취득 소요 평균 기간은 4년이 넘을 것으로 추정되지만 연간 유학생 수를 파악하는 데 크게 중요하지 않기 때문에 무시하기로 한다.

보다 낮게 고정한 것이다. 이와 함께 정부는 대학 정원도 규제해왔다. 이 점에 대한 자세한 설명은 제4장에서 하고자 한다.

수요에 비해 공급이 해마다 약 20만 명이 부족하다는 것은 수요에 비해 공급이 턱없이 부족하다는 것을 의미한다. 이러한 초과수요 상태를 흔히 대학 입시 관문이 좁다고 표현한다. 이러한 여건 아래에서는 학생과 학부모는 대학 입시에 도움이 된다고 생각하는 모든 방법을 동원할 수밖에 없다. 특히 학습 효과가 나타나는데 긴 시간이 요구되는 과목, 예를 들어 영어와 같은 과목은 많은 시간과 노력을 들이지 않을 수 없다. 영어와 같은 과목의 과외나 사설학원이 번영하는 이유다. 그러나 수요와 공급의 격차가 워낙 크기 때문에 경쟁은 여기에서 그치지 않는다. 대학 입시 경쟁은 이제 다른 과목으로 점차 퍼져나가고, 그 결과 그런 과목에 대한 과외나 사설학원도 증가하기 시작한다. 입시 경쟁은 여기에서도 그치지 않고 고등학교 3학년에서 그 아래 학년 그리고 그 아래 학교급으로 점차 내려가게 된다. 아주 짧게 서술했지만 이것이 지난 몇 십 년 동안 대학 입학과 관련하여 일어났던 역사다.

대학 등록금은 사립은 1989년, 국공립은 2003년에 자유화되었다. 그러나 그것은 '명시적인' 자유화일 뿐이다. 그 이후에도 대학 등록금은 '실질적으로는' 자유화되지 않고 정부에 의해 통제되어왔다. 다만 통제의 정도는 때마다 달랐다. 그리고 등록금 통제의 정도는 대학마다 다르다. 평균적으로 국립대학과 유명 사립대학의 등록금이 더 강하게 통제되어 왔다. 정부는 최근, 소득과 연계하여 국가장학금을 주는 방법으로 등록금을 강제 인하하는 방법을 택하고 있다. 국가 장학금의 규모는 2012년 1조 7,500억 원, 2013년 2조

9,000억 원, 2014년 3조 7,000억 원, 2015년 4조 원 등이다. 교육부는 2015년에는 대학 자체 장학금 3조 원을 마련하여 전체 장학금의 규모로 7조 원—이 금액은 같은 해 총 등록금 규모 14조 원의 약 절반임—을 지원하고 2016년 이후에는 추가 재원을 투입해 대학의 명목 등록금보다 대학이 학생에게 부과하는 실질 등록금을 인하한다는 방침을 밝힌 바 있다.

정부의 대학 등록금 통제의 역사가 오랜 만큼 초과수요는 그렇게 긴 시간 동안 지속되어왔다. 그 결과 과외나 사설학원은 지속적으로 늘어왔다. 비록 부침은 있었지만 말이다. 그리고 과외의 가격은 천차만별이었고 지금도 그렇다. 과외가 금지되었던 시대에도 과외는 은밀하게 행해졌을 뿐 아니라 불법이라는 이유로 프리미엄이 붙어서 더 비쌌다. 최근에 실시되고 있는 국가장학금 제도는 등록금을 예전보다 더 인하한다는 의미에서 초과수요와 그에 따른 부작용은 더 커질 것이다.

초과수요를 해결하기 위하여 정부가 할 수 있는 방법은 정원을 규제하는 것이다. 정부는 각 대학의 총정원뿐만 아니라 각 학과의 정원도 규제한다. 정원을 규제하는 것을 경제용어로는 '배급제 rationing'라고 일컫는다. 대학에 입학하는 학생은 배급제에서 자신의 몫을 할당받는 것이다. 배급을 하는 주체는 대학이고, 그 일이 잘 실행되는가를 정부가 감시·감독한다. 그러나 초과수요가 상존하고 작지 않은 상태에서 배급을 받지 못하는 학생은 기다리는 수밖에 없다. 소위 재수생, 삼수생이 되는 것이다. 우리는 이것을 '대기시간'이라고 부른다. 교육의 특성상 대기시간은 1년 단위다. 재수생(1년), 삼수생(2년), 사수생(3년) 등등. 교육의 특성상 대기시간이 긴 것은 큰 문제가 아니다. 문제는 배급제에서 자신의 몫을 받고자 하는 학생, 대기하는 학생이 연 20만 명 내외로 너무 많다는 사실이다.

과외나 사설학원에서의 교육이 대학 입학을 위한 준비를 하는 학생에게는 도움이 되겠지만 그것들이 지닌 각종 부정적인 영향도 무시할 수 없다. 과외나 사설학원을 통한 학습, 특히 선행학습은 공식 교육기관의 학습 분위기를 악화시킬 수 있는 여지가 있기 때문이다. 예를 들어 학교 외 기관에서 받는 선행학습 때문에 학생이 학교 수업시간에 조는 경우, 교사가 좋은 학습 분위기를 유지하는 일은 쉽지 않다. 과외나 사설학원을 이용하는 비용을 제하더라도 학생을 학원까지 데려다 주는 등 기타 비공식 교육 활동에 들어가는 시간과 노력도 작은 것이 아니다. 만약 공식 교육기관인 학교에서 교육이 모두 해결되는 상태와 비교하면 그렇다는 것이다. 한 마디로, 과외는 개인 차원에서는 '최적의' 행위이지만 제도 차원에서는 분명히 '비효율적이고 낭비적인' 것이다.

연 15만 명이 넘는 재수생은 사회 전체적으로 그만큼 노동력의 손실이 있다는 것을 의미한다. 재수생은 1년 또는 그 이상의 기간에 많은 자원을 쓴다. 최근에는 재수생을 상대로 하는 사설학원이 기업화되면서 기숙사를 제공하는 사설학원도 성업 중이다. 수능을 칠 수 있는 기회만이라도 2~3번 주어진다면 재수생은 크게 줄어들 것이라고 예상되는 데 국가가 수능 평가를 독점하면서 그런 유연성은 발휘되지 않는다. 최근에는 대학 졸업 후 취업이 잘 되지 않으면서 대학 재학 기간이 늘어나고 소위 '스펙'을 쌓기 위하여 상당한 자원이 낭비되고 있다.

국내에서 공급이 수요를 해결해줄 수 없다는 점을 알게 된 학생과 학부모는 외국 대학으로 눈을 돌리기 시작했다. 해외 유학은 소득 증가와 맞물려있다. 소득이 증가하면 고품질의 대학교육을 요구하는데 정부의 등록금 규제는 바로 그 고품질의 대학교육을 부족하게 만들기 때문이다. 외국 대학에 진학하기로 한 학생은 국내 대학에 진학하기로 한 학생과 사정이 다르다. 공식 교육기관이 유학에 대한 충분한 지식과 정보를 제공하지 않는다면 사설학원, 과외 등을 찾지 않을 수 없다. 대학 입시 경쟁을 피하기 위하여 조기유학, 이민 등을 선택하는 가구도 생겨난다. 조기유학생의 경우 가족이 분리되어 '기러기 아빠', '기러기 엄마'도 발생하고 경우에 따라서 고독사, 이혼 등의 사건이 일어나기도 한다. 모든 유학생이 유학을 성공적으로 마치는 일은 쉽지 않다. 외국 유학의 경우 국내 대학으로 진학하는 것보다 실패할 확률이 일반적으로 더 높다. 학부모의 감시와 감독이 부족하기 때문이다. 평균적으로 해외 유학이 국내 대학 진학보다 비용이 훨씬 많이 든다. 그리고 유학은 '두뇌유출brain drain'의 주요 통로 중 하나이기도 하다.

어학연수의 경우, 매년 약 8~10만 명 정도의 학생이 해외로 나간다. 이 경우에도 국내 대학에 자율권이 충분히 주어져 있다면 국내 대학들이 외국 대학들과 경쟁하지 못할 이유가 없다. 등록금 등과 같은 가격을 정부가 규제하고 있기 때문에 국내 대학이 해외 대학과의 경쟁에서 밀리고 있고 그 결과 어학연수를 위해 매년 해외로 나가는 학생의 수가 작지 않은 것이다.

과외를 금지하고 사설학원을 통제하는 등의 정부 정책은 부작용만 초래할 뿐이다. 지금처럼 대학의 수요와 공급의 차이가 이렇게 클 때는 학생과 학부모가 입시 관문을 통과하기 위해 모든 수단과 방법을 동원하려 하기 때문이다. 게다가 우리 사회에서 대학 졸업장, 특히 유명 대학 졸업장은 직장뿐 아니라 결혼 등에도 강력한 영향을 미친다. 대학 입시 위주의 교육과 경쟁으로 인한 극심한 스트레스는 학생을 죽음으로 몰고 가는 경우도 생긴다. 수요와 공급이 일치하는 경우에는 학생이 자살과 같은 극단적인 선택을 하지는 않을 것이다. 입시 경쟁이 중학교를 거쳐 초등학교까지 내려가면서 공부 스트레스를 견디지 못하는 학생은 폭력 등으로 학교에서의 무료한 시간을 때우게 된다.

요약하면, 교육과 관련한 문제점과 폐해의 상당 부분은 대학 교육의 수요와 공급이 불일치하며 발생한다. 특히 수요에 비해 공급이 턱없이 부족한 것은 정부의 가격 규제 때문이고, 정원 규제는 그것을 도와주는 장치로 작동한다. 대학 교육에 대한 가격 규제와 정원 규제를 폐지하지 않는다면 앞에서 언급한 문제와 폐해는 결코 사라지지 않을 것이다. 그리고 그러한 문제와 폐해는 부조리한 교육제도와 정책으로 발생하는 문제와 폐해의 가장 중요한 부분이다.

마지막으로, 여기에서 짚고 넘어가야 할 것이 하나 있다. 공교육 부실 때문에 사교육이 발생한다는 주장이 맞는가 하는 것이다. 이 주장은 필자가 앞에서 분석한 내용과 크게 다르다. 누가 옳은가? 대학 등록금과 정원에 대한 규제는 대학 진학을 매우 어렵게 만들었다. 이와 거의 동시에 초등학교, 중학교, 고등학교 순서로 학교 교육을 사회주의로 만들거나 가격을 규제했다. 초·중·고등학교의 사회주의화와 규제에 대한 자세한 내용은 제4장에서 다룬다.

대학에 입학하기 어려워진 상황에서 초·중·고등학교의 공교육이 평준화 정책 등과 같은 규제로 인해 부실해지기 시작했다. 학생과 학부모는 과외, 사설학원 등, 소위 사교육을 하지 않을 수 없는 것이다. 즉 공교육의 부실은 사교육이 발생하는 중간 단계 원인이지, 궁극적 원인은 아니라는 것이다. 대학 진학이 현재와 같이 매우 어려운 상황, 특히 일류 대학에 입학하는 것이 그렇지 않은 대학에 입학하는 것보다 더 어려운 상황에서 공교육이 매우 훌륭하다면—현실에서 그렇게 될 가능성은 거의 없다—사교육이 거의 발생하지 않더라도 다른 부작용이 생겨날 것을 예상할 수 있다. 그러나 그 경우, 다른 부작용이 무엇인가를 사전에 예측하는 것은 쉽지 않다.

대학 진학과 관련하여 학생과 학부모의 불만을 해소하고자 한다면 먼저 대학 등록금과 정원에 대한 규제를 폐지하면서 이와 동시에 초·중·고에 가해진 사회주의와 각종 규제를 폐지하는 것이 문제 해결의 순서다. 그리고 난 다음에 꼭 필요하다면 모든 공교육이 아니라 국공립 교육기관에 대한 지원을 강화하는 것이 바람직할 것이다. 모든 통제와 규제를 그대로 둔 채 공교육을 강화하는 것은 비용과 대비하여 효과가 매우 제한적일 것이다. 이 점에 대한 자세한 설명은 제4장과 제5장에서 추가하고자 한다.

고교 선택 불가[23]

좋은 대학에 진학하기 위해서는 좋은 고등학교에서 공부하는 것이 유리하다. 검정고시와 같은 예외를 제하면 말이다. 그러나 1974년에 평준화 정책이 도입되며 학생, 학부모가 고등학교를 선택할

---

23 초등학교와 중학교를 선택할 수 없다는 것도 학생과 학부모의 불만 사항이다. 그러나 학교 선택에서 가장 중요한 것은 역시 고교 선택이다. 왜냐하면 고등학교 교육이 대학 진학에 가장 중요하기 때문이다. 그러므로 초등학교와 중학교에서의 선택 불가 문제는 제외했다. 그리고 이 절의 분석이 초등학교와 중학교의 선택 제도에 원용할 수 있을 것이다.

수 있는 길이 제도적으로 봉쇄되었다. 이후 특목고, 특성화고 등이 도입되어 고교 선택에 약간의 숨통이 트였다. 그리고 자율형 사립 고, 혁신학교 등이 2010년을 전후하여 잇달아 도입되었다. 1974년 당시보다는 현재 시점에서 학생과 학부모의 고교 선택의 폭이 넓어 진 것은 사실이다.

〈표 1〉은 최근 3년간 유형별 고등학교 수의 변화를 보여준다. 2013년 현재 일반고는 전체 고등학교의 약 65.7%를 점하고 있다. 그리고 이 비율은 2011년에 비해 2013년에 소폭 하락했다. 일반고 는 평준화 지역과 비평준화 지역으로 구분할 수 있다. 평준화 지역 은 추첨으로 강제 배정하기 때문에 전적으로 고교 선택이 불가능한 지역이다. 비평준화 지역은 내신과 선발고사가 있기 때문에 어느 정도 선택의 여지가 있다. 고교 선택에 있어서 비평준화 지역은 평

| 표 1 | 연도별 유형별 고등학교 수

단위: 개

		2011년		2012년		2013년	
일반고		1,554	(68.1%)	1,529	(66.4%)	1,525	(65.7%)
자율고	국공립	58	(2.5%)	97	(4.2%)	116	(5.0%)
	사립	51	(2.2%)	50	(2.2%)	49	(2.1%)
	소계	109	(4.8%)	147	(6.4%)	165	(7.2%)
특수목적고		120	(5.3%)	128	(5.6%)	138	(5.9%)
특성화고		499	(21.9%)	499	(21.7%)	494	(21.3%)
총계		2,282	(100.0%)	2,303	(100.0%)	2,322	(100.0%)

자료: 교육통계연보, 각 연도
주: 1. 괄호 안은 총계에서 각 유형별 학교가 차지하는 비중임.
　 2. 반올림으로 인하여 각 항목의 총계가 100%가 안 될 수 있음.
　 3. 특수목적고는 과학고, 외국어고, 국제고, 예술고, 체육고, 마이스터고 등을 포함.
　 4. 특성화고는 전문계열 특목고(농업, 공업, 수산, 해양), 전문고, 특성화고 등을 포함.

준화 지역보다 나은 편이다.

1974년과 비교하여 현재 시점에서 학생과 학부모의 고교 선택 폭이 늘어난 것이 사실이다. 그러나 아직도 다수는 추첨으로 고교를 강제 배정받기 때문에 학생과 학부모는 고교 선택의 자유가 없다고 할 수 있다. 최근 도입된 자율형 사립고는 학교 선택이라는 관점에서 학생의 선택권을 최대로 넓힌 것이다. 게다가 혁신학교의 경우, 자신이 원하지 않으면 다른 학교로 갈 수 있어야 함에도 불구하고 다른 학교로 이동할 자유를 허용하지 않는다. 학교 전체 차원에서 단순 다수결로 혁신학교를 선택하고 나면 개인에게는 선택의 여지가 없기 때문이다. 이 경우에 혁신학교를 원하지 않는 학생과 학부모에게는 오히려 족쇄가 된다. 제5장에서 자세히 보겠지만 혁신학교는 여러 가지 점에서 문제점이 있는 제도이자 학교다.

평준화 정책은 학교 간 경쟁을 억제하는 일에 실패했다. 자본주의는 말할 것도 없고 사회주의 또는 간섭주의에서도 경쟁을 완전히 제거하는 일은 불가능하다. 앞에서 지적했듯이, 인간이 희소한 자원을 사용하는 한 경쟁을 없앨 수 없기 때문이다. 평준화 정책을 시행한 지 40여 년이 지났음에도 불구하고 고교 간 우열은 새롭게 생겨났고, 앞으로도 계속 생겨날 것이다. 예를 들어, 몇몇 외국어고등학교는 명문고등학교로 부상했을 뿐 아니라 해외 대학에 학생을 입학시키는데도 효율적임을 입증하고 있다.[24] 고교평준화 정책은 학교 간 경쟁을 억제한다고 지적했다. 학교 간 경쟁은 사실상 교사 간

---

24 몇몇 외국어고등학교를 졸업한 학생들은 외국 명문대학에서 공부를 하는 데 아무 어려움을 겪지 않는 것을 저자는 자주 목격했다. 이것은 적어도 외국어 고등학교의 외국어 교육을 포함한 교육 전반이 매우 훌륭함을 입증하는 증거라고 할 수 있다.

경쟁과 다를 바 없다. 만약 학교 운영과 같은 측면을 무시하면 말이다. 그러므로 고교평준화 정책은 실제로 교사 간 경쟁을 억제하는 정책이라고 하겠다.

고교평준화 정책의 문제점은 많다. 여기에서 그 점을 모두 다룰 필요는 없을 것이다. 그러나 한 가지만 지적한다면 형식적인 평준화가 실질적인 평준화를 만들지는 못했다는 점이다. 그리고 그것은 영원히 불가능할 것이다. 학생과 학부모는 자신의 의지에 따라 고등학교를 선택할 수 있어야 한다. 자유로운 선택은 우리 모두의 권리다. 교육에서 학생과 학부모의 선택도 예외가 아니다. 평준화 정책은 학생과 학부모의 그런 권리를 부정하고 있다. 학생과 학부모 입장에서는 모든 고등학교를 대상으로 선택할 자유가 있어야 한다. 학생과 학부모가 학교를 자유롭게 선택함으로써 교사 간 경쟁을 촉진하도록 해야 할 것이다.

영어교육의 실패

영어는 이미 세계적인 공용어가 된 지 오래다. 그러나 2015년 현재 초등학교의 영어교육 시간은 매우 불충분한 실정이다. 중고등학교의 영어교육도 정도의 차이는 있지만 초등학교 영어교육과 비슷하다. 중고등학교의 영어교육은 영어교육 패러다임의 문제도 있다. 중고등학교의 영어교육은 대학입시를 위하여 문법과 독해 위주의 교육 방식이 지배적이기 때문에 완전한 영어교육이 될 수 없다. 문법과 독해 위주의 영어교육은 대학입시에는 유리할 수 있지만 영어를 얼마나 잘 구사할 수 있는가 하는 관점에서 보면 매우 잘못된 것이다. 물론 최근에는 외국어고등학교가 외국어 몰입 교육을 통한 외국어 교육에 상당한 성과를 거두고 있는 것이 사실이다. 그러나 외국어고등학교는 전체 고등학교의 일부일 뿐이다. 그리고 외국어고등학교의 경우에도 초·중학교에서 배양되지 않은 외국어 구사 능력을 위하여 평균적으로 훨씬 많은 노력을 한다는 점을 알 필요가 있다. 한국 영어교육의 문제점과 대책은 제5장에서 자세히 분석할 것이다.

외국어 교육에 대한 학부모의 불만은 통계청이 작성한 '2012년 사회조사 결과(가족, 교육, 보건, 안전, 환경)'에도 잘 나타나고 있다. 자녀 유학을 원하는 이유 중에서 외국어 습득 때문에 유학을 원한다는 비율이 초등학교 단계에서는 전체의 15.1%, 중학교 단계에서는 12.5%, 고등학교 단계에서는 10.9%를 차지하고 있다. 이 조사는 한국 학부모가 학교 영어교육에 대해 적지 않은 불만이 있음을 보여준다.

공식 교육기관인 초·중·고등학교의 영어교육으로는 영어를 완전하게 구사할 수 없다는 점을 알고 있는 학부모는 원어민 교사가 영어를 교육하는 사설학원을 찾게 된다. 그 경우에 학원비는 결코 작지 않다. 최근에는 유치원 단계에서 원어민 교사가 영어를 가르치는 학원이 성업 중이다. 서울의 한 사립초등학교의 영어몰입교육 시간을 포함한 영어교육 시간은 일반 초등학교의 영어교육 시간의 몇 배가 되기 때문에 입학 경쟁이 치열하다. 등록금이 작지 않음에도 불구하고 말이다.

모든 학부모가 학교 영어교육의 문제점을 알고 있는 것도 아니다. 그리고 모든 학부모가 원어민 교사가 가르치는 사설학원에 등록하는 비용을 부담할 정도도 아니다. 두 가지 사실은 공식 교육기관인 학교가 어떤 영어교육을 하는가에 대해 동일한 관심을 가지고 있지 않다는 것을 의미한다. 공식 교육기관인 학교들의 영어교육에 대한 불만은 영어에 관심이 많은 상당수 학부모에게도 있지만 시스템 분석가인 저자에게도 있다. 왜냐하면 일단 잘못된 영어교육 방식으로 인한 소득 격차는 줄이기 쉽지 않기 때문이다.

2

교사

학교폭력

폭력으로 학교가 더 이상 안전한 곳이 되지 못하면 학교에 가는 일이 학생과 학부모에게는 엄청나게 불안하고 불편한 일이 아닐 수 없다. 폭력은 피해를 입은 학생도 문제지만 폭력을 모르던 학생에게 학교가 폭력을 학습할 수 있는 장소가 될 수도 있다는 점에서도 문제가 작지 않다. 학교폭력 문제는 학생과 학부모, 학교, 정부 등과 모두 연관되어 있다. 그러나 학교폭력의 1차 책임자가 교사이기 때문에 여기에서 이 주제를 다룬다.

먼저 '(재)푸른나무 청예단'이 발표한 2013년 전국 학교폭력 실태조사 결과를 요약해본다. 첫째, 폭력이 '일어났다'와 '매우 자주 일어났다'라는 문항에 응답한 학생이 12.9%다. 이것은 학교가 여전히 폭력으로부터 안전한 지대가 아니라는 점을 보여준다. 이때의 폭력은 전체 폭력 중에서 '신체폭력'이 29.5%, '집단따돌림'이 26.1%

로 두 가지 폭력이 전체의 절반을 넘고 있다. 둘째, 학교폭력 피해율을 살펴보면 1~6회 이상은 6.1%이고, 피해 학생 10명 중 4명이 자살을 생각했다고 한다. 이것은 폭력 피해 학생에게 그 후유증이 매우 크다는 것을 의미한다. 셋째, 폭력 피해의 연령이 계속 낮아지고 있다. 피해 학생의 약 75%가 초등학생이다. 넷째, 폭력 발생 장소는 교실 34.6%, 복도 15.7%, 학교 화장실과 운동장 16.5% 등이다. 이것은 학교폭력이 학교 내에서 이루어지는 비율이 대종을 차지하고 있음을 의미한다. 다섯째, 1회 이상 가해율은 5.7%이고 가해 학생 입장에서 '아무 일도 일어나지 않았다'가 26.6%, '사과했다'는 38.5%였다. 여섯째, 폭력이 발생하는 시간은 주로 쉬는 시간이 32.5%, 점심시간이23.5%다. 일곱째, 폭력 대상이 같은 반 학생인 경우는 51.8%, 다른 반 학생인 경우가 27.8%로, 같은 학교 학생이 전체 폭력의 약 80%로서 대부분을 차지하고 있다.

학교폭력에 대해 정부는 '학교폭력예방법'을 제정했다. 법률은 폭력이 발생한 학교에 '학교폭력대책자치위원회'를 설치하고 학교폭력 예방과 대책을 위한 조치를 취하도록 하고 있다. 그리고 그 시행령은 학부모 대표, 교감, 학생생활 지도 경험이 있는 교사, 판·검·변호사, 해당 경찰서 소속 경찰공무원, 의사 자격자, 그 밖의 유경험자 등으로 구성된 5인 이상 10인 이하의 학교폭력대책자치위원회를 구성할 것을 명기하고 있다. 물론 법에는 가해 학생에게 줄 수 있는 벌칙도 나열하고 있다.

학교폭력대책자치위원회의 설치와 학교폭력 예방법의 제정으로 학교폭력을 근절할 수 있는가? 먼저 학교폭력이 발생하는 원인, 특히 학교폭력의 발생이 왜 초등학생과 중학생에게 집중되어 있는가

하는 것이다. 먼저 여러 가지 환경적 요인을 무시할 수 없다. 학부모가 아이를 돌볼 수 있는 시간이 많지 않은 점, 폭력성을 가진 컴퓨터 게임의 확산, 학교의 국공립화 확산 등을 들 수 있다. 그러나 무엇보다 중요한 것은 학교폭력은 학생의 대학 입시 공부에 대한 저항의 한 방편이라는 것이다. 그리고 대학 입시 공부가 점차 저학년으로 내려오면서 학교폭력도 점차 중학교에서, 초등학교 저학년으로 내려오고 있는 것이다. 이 점은 학교폭력 실태에서 잘 나타나고 있다. 그러므로 학교폭력을 근절하고자 한다면 근본적으로는 대학교육을 정상화해야 한다고 결론지을 수 있다. 여기에서 대학교육 정상화란 대학 등록금을 자유화하고 정원 규제를 철폐하는 것 등을 말한다. 이 점에 대해서는 앞에서 이미 일부를 다루었고 부족한 부분은 제4장과 제5장에서 분석할 것이다.

그러나 앞에서 제시한 방법은 장기적이고 간접적인 것이다. 단기적이고 1차 대책은 학교폭력의 직접 책임자인 담임교사가 책임을 지게 하는 것이고, 2차적으로는 학교의 최종 책임자인 교장이 책임을 맡도록 하는 것이다. 교사와 교장의 현행 평가 제도에 그 점을 잘 반영할 수 있는가는 심도있는 분석이 필요하다. 학교폭력이 그토록 오랫동안 지속되고 있는 점은 교사와 교장의 현행 평가 제도가 충분하지 못하다는 사실을 보여준다. 비록 간접적이지만 말이다.

학교폭력과 관련이 있는 다른 요인은 '공유의 비극tragedy of common'이다. 다른 조건이 동일하다면, 국공립학교는 사립학교에 비해 공유의 비극에 빠지기 쉽다. 국공립학교가 공유자원이기 때문에 여러 가지 문제가 발생할 수 있는데 그 때문에 발생하는 문제를 공유의 비극이라고 부른다. 사립학교의 교사, 교장 등에 비해 국공립학교의 교사, 교장 등은 학교 공통의 문제에 대해 훨씬 책임감이 덜하기 때문이다. 국공립학교에서 발생할 수 있는 공유의 비극은 국공립학교를 사립학교로 전환하는 방법밖에 다른 대안이 없는 것처럼 보인다.

학교가 교육의 장이 아니라 폭력의 장이 되고 있는 것에 대한 1차적인 책임은 교사이고, 그 다음으로는 그를 감독하는 학교의 최고 책임자인 교장 또는 교감이다. 학교폭력이 지속되고 확대되어 왔다는 사실은 교사와 교장이 자신의 책임을 회피하고 있음을 의미한다. 학교폭력을 근절하기 위해서는 교사와 학교의 책임자에게 책임을 묻는 평가 제도를 잘 만들고 엄격하게 시행해야 한다. 그러나 이것은 미봉책일 수 있다. 평가제도 자체가 공유의 비극에 빠질 수 있기 때문이다. 좀 더 근본적인 방법은 앞에서 지적했듯이 학교를 국공립에서 사립으로 전환하는 것이다. 장기적으로는 대학교육을 정상화하는 것이다. 결국 장기적 관점에서는 이 방법만이 유효할 것이다.

교사의 정치적 중립성

교육에서 학생과 학부모만큼 중요한 주체가 바로 교사다. 교사는 교육현장의 제일선에서 학생을 가르치고 지도하기 때문에 학생의 지식뿐 아니라 사고와 가치관 정립에 중추적인 역할을 담당한다. 그 결과 교사의 가르침과 지도는 학생에게 큰 영향을 미칠 뿐 아니라 졸업 후 학생의 인생에도 중요한 영향을 미치게 된다. 특히 학생이 미성년인 경우에 그 영향은 거의 절대적이다. 따라서 교사는 학생에게 올바른 지식을 전달해주어야 할 뿐 아니라 학생이 문제를 다양한 방식에서 풀 수 있게 하기 위하여 자유롭게 사고할 수 있는 능력을 키워줄 필요가 있다.

그러나 교사가 학생에게 특정한 정치나 이념 편파적인 사고를 강요하거나 가르친다면, 학생은 스스로 바르게 사고하고 문제를 정확히 파악하는 사리분별력이 저하될 뿐 아니라 사회에서 이념 편파적으로 행동할 가능성이 높다. 이러한 이유 때문에 교사에게 정치적 중립성은 필수 덕목이다. 헌법도 이 점을 분명히 하고 있다. 헌법 제31조 제4항은 교육의 자주성, 전문성 등과 함께 정치적 중립성을 기본 원칙으로 천명하고 있다.

그러나 일부 교사는 헌법이 요구하는 정치적 중립성을 위반하고 급진 좌파 이념을 어린 학생에게 가르치고 선동하고 있는 것이 현실이다. 그들이 누구인가? 전국교직원노동조합(이하 '전교조'로 표기)에 소속된 교사들이다. 다음 문장들은 전교조 교사의 사고방식을 잘 보여주고 있다. "국가기관이라는 게 착취계급의 대리기관인데, 저항하는 피착취계급을 그냥 둘 리 없다.", "남쪽 민중의 설움과 절망이 더 깊어지고 있다……자본체제가 제3세계를 닥치는 대로 수탈해가고 있다."

조전혁 전 국회의원은 전교조가 그람시Antonio Gramsci의 진지 전략에 기초해 설립된 급진 좌파를 위한 전초기지이고 정치투쟁을 위한 진지라고 주장한다. 그는 급진 좌파의 시위 현장에는 언제나 전교조가 있었고 정치투쟁의 장에도 언제나 전교조 조합원이 중심을 차지했음이 그 증거라고 지적한다.

전교조는 '민족, 민주, 인간화교육'을 이념으로 하는 '참교육'을 주창하고 있다. 그러나 전교조가 말하는 참교육의 바탕이 되는 '민중교육'에서는 민중이 될 학생들에게 민중을 억압·착취하는 자본주의 체제에 적응하도록 지도하는 교육제도는 허위의 교육이라고 가르친다. 여기에서 한 걸음 더 나아가 전교조는 학생들에게 민중이 사회의 주인이 되도록 사회를 변혁시키는 민중혁명교육이 필요하다고 주장한다. 한마디로 전교조 교사는 교사의 정치적 중립 의무를 위반하고 있다.

전교조의 역사를 간략히 요약하면 다음과 같다. 1997년 전교조는 합법화되었다. 이에 따라 전교조의 비중은 2008년 현재 전체 교사의 약 18%, 2010년 4월에는 그 비중이 약 14.2% 수준이었다. 그러나 정부는 해직교사가 노조원이 될 수 없다는 이유로 2013년 10월 전교조를 법외노조로 공식 통보했다. 2014년 6월 1심 재판에서 법원은 전교조가 법외노조임을 공식 판결했다. 그러나 2014년 9월 2심 재판에서 재판부는 교원노조법 제2조의 위헌법률심판을 제청함으로써 일단 법외노조 판결의 효력이 중지되었다. 이에 정부는 2심에 대해 항고한 상태다.

전교조에 가입한 교사는 어느 정도인가? 〈그림 1〉은 학교급별·설립주체별 전교조 교사의 비율을 보여준다. 전교조 가입 교사는 2010년 4월 초등학교에서 고등학교까지 총합이 5만 3,843명으로 전체 교사의 약 14%에 이른다. 같은 해 국립중학교의 경우, 전교조 교사의 비중이 국립중학교 전체 교사의 약 22.4%다. 그러나 이후 조금씩 줄어들어 2013년에는 전 학교급에서 전교조 교사의 비중이 줄어들었다. 이 때 적게는 0.1%포인트, 많게는 6.3%포인트 감소했다. 2014년 4월에는 전교조 교사의 비중이 전체 학교급에서 미미하다. 2014년 4월 국립중학교에서 전교조 교사의 비중은 국립중학교 전체 교사의 약 3.5%다. 다른 학교급과 설립주체에서 전교조의 교사

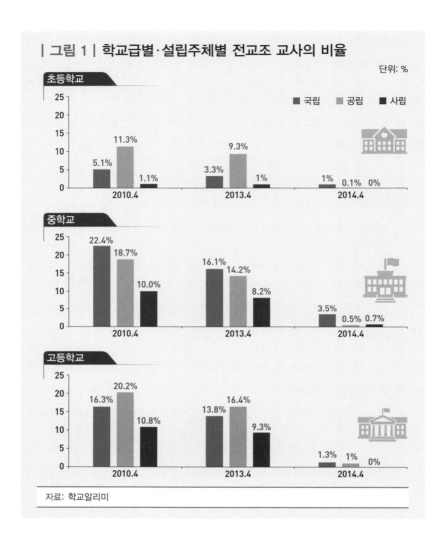

| 그림 1 | 학교급별·설립주체별 전교조 교사의 비율

단위: %

초등학교

국립 ▮ 공립 ▨ 사립 ▮

5.1% 11.3% 1.1% (2010.4)
3.3% 9.3% 1% (2013.4)
1% 0.1% 0% (2014.4)

중학교

22.4% 18.7% 10.0% (2010.4)
16.1% 14.2% 8.2% (2013.4)
3.5% 0.5% 0.7% (2014.4)

고등학교

16.3% 20.2% 10.8% (2010.4)
13.8% 16.4% 9.3% (2013.4)
1.3% 1% 0% (2014.4)

자료: 학교알리미

는 거의 없는 상태이다. 2014년을 전후하여 전체 교사에서 전교조 교사의 비중이 이렇게 크게 감소한 것은 전교조의 법외노조 통보 때문인 것으로 보인다.

앞에서 보았듯이 2014년을 전후하여 전교조 교사의 수는 크게 줄어들었다. 그러나 그들의 위험성마저 없어진 것인가는 미지수다.

앞에서 지적했듯이 좌파의 시위 현장에는 언제나 전교조 교사들이 있기 때문이다. 그리고 법외노조의 규정과 관련한 위헌법률심판이 어떻게 결정될 것인가도 전교조의 운동성과 그에 따른 위험성에 영향을 미칠 것이기 때문이다.

학생을 학교로 보내는 학부모는 자신의 자식인 학생이 정치적으로 중립적인 교사의 지도를 받기 원한다. 앞에서 보았듯이, 일부 교사는 정치적으로 중립적이지 못할 뿐 아니라 급진 좌파 이념을 가지고 있는 것이 현실이다. 어린 학생이 잘못된 이념에 물들 수 있는 아주 나쁜 환경에 놓여있다고 하겠다. 더 나쁜 것은 좌파 이념을 가진 교사가 그 이념을 어린 학생에게 주입 또는 선전·선동한다는 것이다. 최근에는 급진 좌파 이념을 가진 교육감이 선거에 당선되어 향후 그들의 행보가 매우 염려된다.

인간은 물질과 정신으로 이루어져 있고, 세상을 이해하기 위해 정신은 이념을 필요로 한다. 그런데 좌파 이념은 지극히 감성적이기 때문에 10대 학생들에게 빠르게 전파되기 쉽다. 비록 그 이념이 잘못된 것임에도 불구하고 말이다. 초·중·고등학교의 전교조 교사는 바로 이 점 때문에 지극히 위험하다. 이것이 학부모의 교사에 대한 우려와 염려다. 비록 전교조 교사의 비중이 매우 약화되고 있지만 말이다.

학교[25]

지나치게 많은 국공립학교와 자율성의 부족

　정부는 교육에서 크게 두 가지 역할을 한다. 첫째는 교육의 공급자로서의 역할이다. 정부는 교사와 교수를 공무원으로 임명하고 국공립학교를 설립하고 운영한다. 각급 학교에서 국공립의 비중은 어느 정도인가? 〈그림 2〉는 2014년 현재 학교수준별·설립주체별 학생 수 비율을 보여준다. 초등학교에서는 거의 대부분 국공립학교다. 중학교 수준에서는 국공립학교가 전체의 약 82.5%이고, 사립학교가 전체의 약 17.5%다. 고등학교 수준에서는 국공립이 전체의 약 43.1%다. 국공립이 전문대학 수준에서는 미미하고 4년제 대학 수준에서는 전체의 약 29.5%다. 4년제 대학 수준에서는 사립의 비중이 월등히 높다. 아래에서 제도적 관점에서 자세히 분석하겠지만

---

25 사설학원이 많음에도 불구하고 공식 교육기관으로 전환하는 경우를 거의 볼 수 없다. 교육이 당초 수익률이 높은 사업이 아님에도 불구하고 상대적으로 많은 규제가 있기 때문으로 여겨진다.

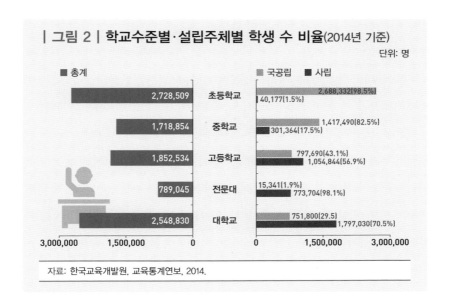

| 그림 2 | 학교수준별·설립주체별 학생 수 비율(2014년 기준)

단위: 명

■ 총계　　　　　　　■ 국공립　■ 사립

초등학교	총계 2,728,509	국공립 2,688,332(98.5%) / 사립 40,177(1.5%)
중학교	1,718,854	1,417,490(82.5%) / 301,364(17.5%)
고등학교	1,852,534	797,690(43.1%) / 1,054,844(56.9%)
전문대	789,045	15,341(1.9%) / 773,704(98.1%)
대학교	2,548,830	751,800(29.5) / 1,797,030(70.5%)

자료: 한국교육개발원, 교육통계연보, 2014.

외양만으로는 대학수준에서는 국공립의 비중이 높지 않다. 다시 말해 초등학교, 중학교, 고등학교 수준에서는 국공립학교가 너무 많고, 4년제 대학 수준에서도 국공립의 비중이 작지 않다고 하겠다.

자유시장에 가장 잘 맞는 학교 체제는 순수한 의미의 사립학교 체제이다. 국공립학교 체제는 자유시장원리에 일치하지 않는 학교 체제 또는 반자유시장적인 학교 체제다. 두 학교 체제가 어떻게 다른가를 비교해 보기로 한다(다만 순수한 의미의 사립학교는 한국에는 존재하지 않기 때문에 미국의 경우를 원용하기로 한다).

첫째, 국공립학교는 세금이 많이 든다. 최근에는 복지정책과 맞물려 무상급식 등과 같은 제도가 도입됨으로써 교육관련 예산은 폭증하고 있다. 국공립학교에 비하여 사립학교는 국민의 세금이 한 푼도 들지 않는다. 이것은 엄청나게 중요한 것이다. 경제행위를 함에 있어서 자신의 책임으로 하는 것이 자본주의에서 가장 중요하다. 사립학교에서는 학생과 학부모가 자신의 능력으로 학비를 포함한 학교 운영 경비를 지불한다. 그러나 국공립학교에서는 거의 모든 일이 세금으로 해결된다. 세금을 절약하기 위해 등록금을 낮추면 다른 부작용이 발생한다. 이 점은 제4장에서 자세히 다룰 것이다.

둘째, 국공립학교에 다니는 학생과 사립학교에 다니는 학생 간에 소득재분배가 일어난다. 예를 들어, 4년제 국립대학의 등록금은 사립대학의 등록금보다 훨씬 저렴하다. 이 경우에 국립대학 학생과 학부모, 사립대학 학생과 학부모 간에 소득재분배가 일어난다. 다른 예를 들어본다. 고등학교를 졸업하고 직장을 잡는다면 같은 시기에 국공립대학에 진학한 학생에게 세금으로 보조금을 주는 것이다. 다르게 말하면, 가난한 청소년이 부자 학부모를 둔 청소년에게 세금을 통한 보조금을 주는 셈이다. 부모에게 학교를 다니는 자녀를 두었느냐, 있다면 몇 명의 학생을 가졌느냐, 학생을 가진 경우라도 얼마나 세금을 내느냐, EBS를 시청하느냐, 교사의 실력이 어느 정도이냐 등에 따라 소득재분배가 중첩적으로 이루어진다. 앞에서 예시한 경우 이외에도 소득재분배는 여러 계층 간에 일어난다. 사립초등학교와 국공립초등학교를 생각해보라.

셋째, 정부가 국공립학교를 통제함으로써 사립학교를 간접적으로 통제할 수 있다. 즉 정부는 국공립학교를 사립학교 통제용 지렛대로 쓸 수 있다는 것이다. 예를 들어, 정부가 국공립대학의 등록금을 정하면 사립대학은 그 등록금보다 훨씬 비싼 등록금을 학생에게 요구하기 어려워진다. 학생들의 반발이 작지 않을 것이기 때문이다. 일반적으로 교육부가 국공립학교를 많이 보유할수록 자신이 결정한 정책을 실행하기 쉽다. 그러므로 교육부는 되도록 많은 학교를 세금으로 건설하고 운영하고자 한다. 교육부가 되도록 많은 학교를 직접적으로 통제하는 것은 교육부 관료의 이익과도 부합한다.

넷째, 국공립학교의 교사와 교수는 특수 공무원이지만 공무원이기 때문에 공무원의 상벌 제도를 따른다. 그런데 공무원의 연봉 제도는 연공서열제를 기초로 만들어진 것이기 때문에 상벌을 반영하기 어렵다. 상벌 제도가 따로 있는 경우에도 실제로 학교 책임자는 그 제도를 작동시키지 않는다. 예를 들어, 과거에 학교폭력이 일어났을 때 관련 교사들은 거의 책임을 지지 않았다. 학교폭력 근절의 책임은 교사와 학교장에게 있음에도 불구하고 책임을 추궁하는 제도가 없었거나 책임을 추궁하지 않았다. 학교폭력이 지속되는 이유다. 국공립학교에서는 상을 주는 제도도 잘 마련되어 있지 않다. 그 결과 교사와 교수의 교육에 대한 노력은 매우 미약한 실정이다. 사립학교는 상대적으로 상벌 제도를 잘 만들 수밖에 없다. 사립학교는 아니지만 사립성이 가장 분명한 사설학원에서는 연봉을 포함한 상벌 제도가 매우 분명하다.[26] 국공립학교에 비해 사립학교에서 상벌 제도가 분명하기 때문에 사립학교의 교사와 교수가 더 열정적일 수밖에 없다. 이 점은 최근 만들어진 자율형 사립고 교사들이 여타 국공립 교사들보다 전문성과 열정의 측면에서 우수하다는 설문 결과가 증명한다.[27]

다섯째, 국공립학교는 사립학교에 비해 교육의 소비자인 학생과

---

26 그러나 예를 들어 한국 사립대학은 국공립대학보다 더 나은 상벌 제도를 가지고 있는 것 같지 않다. 사립대학이 정부의 강력한 통제를 받기 때문에 국공립대학과 큰 차이가 없기 때문이다. 이 점은 심도있는 분석이 필요하다.

27 유진성(2014), p. 29 참조.

학부모의 요구에 덜 민감하다. 이 점은 물론 평균적으로 그렇다는 것으로 개별 학교 차원에서는 예외가 있을 수 있다. 사립학교는 국공립학교에 비해 소비자의 선택이 학교 경영에 직결되기 때문에 학생과 학부모의 요구를 수용하는 것에 있어 신속하고 과감할 수밖에 없다. 예를 들어, 사립고등학교에서는 학력에 의한 학생 선발, 수준별 학급편성, 소수학급 운영, 다양한 교과 과정, 특기개발, 스펙관리, 학습컨설팅, 진로설계 등과 같은 개인별 맞춤형 교육이 가능하다. 그러나 국공립학교는 예산 등의 제약으로 개인별 맞춤형 교육을 실시하는 것이 상대적으로 어렵다.

여섯째, 사립학교는 국공립학교에 비해 다양한 선택지를 제공한다. 사립학교가 등록금, 운영 방법 등에 있어서 매우 다양하지만 국공립학교는 자원이 한정되어 있어 다양한 선택지 제공이 어렵다. 미국의 경우, 사립학교는 등록금이 천차만별일 뿐 아니라 학교도 기숙형 사립학교, 독립 사립학교 등 그 운영방식이 다양하다. 종교단체가 교육을 통해 자신의 종교를 선전하고 봉사하도록 할 수 있는 것도 사립학교이다. 그러나 국공립학교는 운영 방식의 차이가 거의 없다.

일곱째, 국공립학교는 공유의 비극에 빠지기 쉽다. 국공립학교의 경우에 학교의 책임자인 교장이나 교사는 학교의 운영을 일시적으로 맡고 있기 때문에 학교에서 발생하는 문제에 대하여 누구도 책임을 지지 않으려고 하기 십상이다. 예를 들어, 학교폭력이 발생하면 은폐하려고 하는 경우가 많다. 사립학교는 소유주가 분명하기 때문에 문제가 발생하면 책임도 분명하므로 스스로 해결하지 않을 수 없다. 그러나 사립학교 소유자가 무능력한 경우에는 그에 따른 문제가 발생한다는 단점이 있다.

뇌물, 체벌, 학교폭력 등과 같은 비정상적 행위는 대부분 국공립학교에서 일어나고 사립학교에서는 거의 발생하지 않는다. 앞에서 제시한 이유 때문이다. 예를 들어, 서울의 한 사립 초등학교에는 뇌물, 체벌, 학교폭력 등과 같은 일이 전혀 발생하지 않고 있다. 사립 초등학교는 학부모의 학교에 대한 평판에 신경 쓰지 않을 수 없기 때문이다.

마지막으로, 한국의 사립학교는 자율성이 크게 부족하다. 이 점은 미국의 사립학교와 비교할 때만 분명해진다. 한국에는 자율성을 제대로 가진 '진정한' 의미의 사립학교를 보기 어렵기 때문이다. 실질적으로는 사립학교와 국공립학교는 큰 차이가 없다.

사립학교는 국공립학교에 비해 거의 모든 점에서 우수하다. 게다가 교육 예산을 줄인다는 것은 국민의 세금 부담을 줄여주는 것이다. 앞에서 보았듯이 경제이론적으로 정부가 교육을 공급해야 할 이유는 없다. 전략적으로는 국공립학교를 사립학교로 전환할 수 있는 기회를 먼저 제공하고, 그 다음에 최소한의 범위에서 국공립학교를 유지하도록 하는 것이 바람직하다. 학부모의 소득 등의 이유로 국공립이 조금이라도 필요하다면 말이다.

낮은 경쟁력의 대학교육

대학교육의 경쟁력을 평가하는 일은 쉽지 않다. 경쟁력을 계량화하는 일이 어렵기 때문이다. 그럼에도 불구하고 교원 일인당 학생 수는 경쟁력을 나타내는 지표로는 매우 객관적인 것임에 틀림없다. 교원 일인당 학생 수가 적은 것은 경쟁력이 높다는 것을 의미한다.

| 표 2 | 학교급별·연도별 교원 일인당 학생 수

단위: 명

구분		2005	2006	2007	2008	2009	2010	2011	2012
유치원	한국	20.2	19.6	18.7	17.9	17.5	17.1	16.3	16.0
	OECD 평균	15.3	15.1	14.9	14.4	14.3	14.4	14.4	14.6
초등 학교	한국	28.0	26.7	25.6	24.1	22.5	21.1	19.6	18.4
	OECD 평균	16.7	16.2	16.0	16.4	16.0	15.9	15.4	15.3
중학교	한국	20.8	20.8	20.5	20.2	19.9	19.7	18.8	18.1
	OECD 평균	13.7	13.3	13.2	13.7	13.5	13.7	13.3	13.5
고등 학교	한국	16.0	15.9	16.2	16.5	16.7	16.5	15.8	15.4
	OECD 평균	13.0	12.6	12.5	13.5	13.5	13.8	13.9	13.8
대학교	한국	34.5	34.0	33.9	32.3	31.4	30.7	30.5	29.4
	OECD 평균	15.8	15.3	15.3	15.8	14.9	15.5	15.6	14.4

자료: OECD, Education at a glance, each year.
　주: 1. 유치원에서 고등학교까지 교원: 교장, 교감 등 관리직 교원을 제외한 교사, 보직교사, 기간제교사 포함
　　　2. 고등교육기관의 경우 교원 일인당 학생 수: 한국교육개발원 교육통계서비스
　　　3. 재학생, 전임교원을 기준으로 전문대학과 대학교의 교원 일인당 학생 수의 가중평균 값

유진성, "교육정책의 주요 이슈 평가와 창의적인 글로벌 인재육성을 위한 정책적 시사점", 미발표 원고, 2014, 22쪽에서 재인용.

〈표 2〉는 연도별 학교급별 교원 일인당 학생 수를 보여준다. 한국 대학교의 교원 일인당 학생 수는 2005년 34.5명에서 2012년에 29.4 명으로 약 15% 감소했다. 그러므로 2005년에 비해 2012년에 어느 정도의 개선이 있었다. 그러나 OECD 평균과 비교하면 이 수치가 상당히 크다는 것을 알 수 있다. 교원 일인당 학생 수의 OECD 평균 은 2005년에 15.8명에서 2012년에 14.4명이다. 2005년에 한국 대학

교의 교원 일인당 학생 수는 OECD 평균치보다 2배가 넘었고, 2012년에는 그 값이 2배 이내로 감소했다. 2005년과 비교할 때 2012년에 교원 확보에 개선이 있었지만, OECD 평균과 비교하면 여전히 큰 수치임을 알 수 있다. 이 수치는 평균적으로 한국 대학교의 경쟁력이 상당히 낮다는 점을 아주 잘 보여준다.

〈표 2〉에서 알 수 있는 다른 사실은 다음과 같다. 한국의 학교급별 교원 일인당 학생 수를 비교할 때 대학교에서 그 수가 가장 크다는 점이다. 2012년 현재 교원 일인당 학생 수는 초등학교 18.4명, 중학교 18.1명, 고등학교 15.4명이지만, 대학교는 29.4명이다.[28] 즉 학교급별로 비교할 때 대학교가 다른 교육기관에 비해 교원 확보에 있어서 가장 열악하다는 것을 알 수 있다. 2005년부터 2012년까지 비교해도 큰 차이가 없다.

주지하듯이, 대학 교원의 확보는 순전히 경제적인 문제다. 재단의 지원 등을 제외하면, 대학 재정에 가장 중요한 것은 등록금과 학생 정원이다. 등록금과 학생 정원 중에 어느 하나만이라도 대학 스스로 결정할 수 있다면 재정적인 문제는 어느 정도 완화할 수 있을 것이다. 그러나 현실은 두 가지 모두 규제되고 있는 실정이다. 등록금에 대한 규제는 대학의 경쟁력을 결정하는 데 있어서 결정적이라고 할 수 있는 대학 교원의 확보에 규제를 가하는 것이나 다름이 없다. 그런 상황에서 한국 대학의 경쟁력이 다른 나라 대학보다 우수할 것이라고 기대하는 것은 무리다. 등록금에 대한 규제는 대학의 경쟁력을 향상시키는 데 큰 장애물임에 틀림없다.

---

28 2005～2012년 기간에 교원 1인당 학생 수에 있어서 초등학교 수준에서 큰 개선이 있었던 것은 학생 수의 지속적인 감소 때문이다.

등록금 규제로 인한 대학 재정의 제한은 강의에 있어서 전임교원의 비중을 낮게 만들 수밖에 없다. 대학도 비용을 절약하지 않을 수 없기 때문이다. 〈그림 3〉은 국공립학교와 사립학교로 구분하여 2014년 4년제 대학교와 전문대학에 있어서 전임교원 강의 담당 비율, 전임교원 일인당 학생 수(재학생 기준), 전임교원확보율(재학생 기준) 등을 보여주고 있다.

〈그림 3〉에서 알 수 있는 것은 전임교원의 강의 담당 비중이 2014년 현재 4년제 대학의 경우에 국립 약 54%, 공립 약 41%, 사립 약 55% 등이다. 전임교원이 전체 개설 강좌의 약 1/2 이하를 담당하고 있다는 것을 알 수 있다. 전문대학의 경우, 2014년 전임교원의 강의 담당 비중이 국립 약 57%, 공립 약 39%, 사립 약 46% 등이다. 이 사실은 전문대학이 4년제 대학보다 국립에서는 약간 우위에 있지만, 공립과 사립은 오히려 열위에 있음을 보여준다.

2014년 전임교원 일인당 학생 수(재학생 기준)는 4년제 대학의 경우, 국립 37.36명, 공립 32.13명, 사립 27.56명 등이다. 이 수치는 국립에 비해 사립이 우위에 있음을 보여준다. 그러나 같은 기간 전문대의 전임교원 일인당 학생 수는 국립 21.47명, 공립 34.43명, 사립 36.52명으로 국립에 비해 사립이 열위에 있음을 보여준다. 앞의 수치와 다른 나라를 비교하면 한국 대학의 전임교원 확보가 부실함을 알 수 있다.

2014년 4년제 대학 전임교원확보율(재학생 기준)은 국립 71.7%, 공립 59.9%, 사립 74.7%이고, 전문대학 전임교원확보율은 국립 85.3%, 공립 59.9%, 사립 57.5% 등이다. 그러나 정부가 임의로 전임교원의 법정정원을 규정하여 이 수치를 산정한 것이기 때문에 적

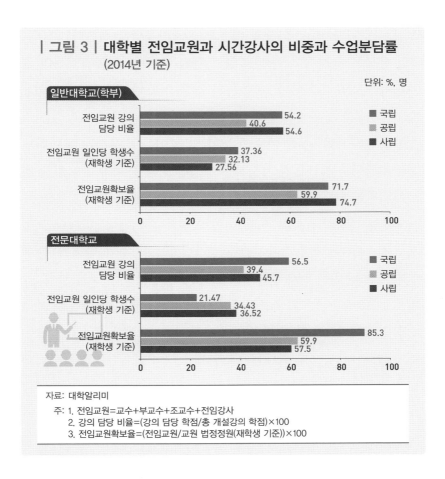

| 그림 3 | 대학별 전임교원과 시간강사의 비중과 수업분담률
(2014년 기준)

단위: %, 명

일반대학교(학부)

- 국립
- 공립
- 사립

전임교원 강의
담당 비율
- 국립 54.2
- 공립 40.6
- 사립 54.6

전임교원 일인당 학생수
(재학생 기준)
- 국립 37.36
- 공립 32.13
- 사립 27.56

전임교원확보율
(재학생 기준)
- 국립 71.7
- 공립 59.9
- 사립 74.7

전문대학교

- 국립
- 공립
- 사립

전임교원 강의
담당 비율
- 국립 56.5
- 공립 39.4
- 사립 45.7

전임교원 일인당 학생수
(재학생 기준)
- 국립 21.47
- 공립 34.43
- 사립 36.52

전임교원확보율
(재학생 기준)
- 국립 85.3
- 공립 59.9
- 사립 57.5

자료: 대학알리미

주: 1. 전임교원=교수+부교수+조교수+전임강사
2. 강의 담당 비율=(강의 담당 학점/총 개설강의 학점)×100
3. 전임교원확보율=(전임교원/교원 법정정원(재학생 기준))×100

정 수준을 비교하는 것은 무리가 있다.

다른 어느 때보다 국가 간 경계는 엷어지고 나라 간 물리적 거리는 단축되고 있다. 즉 국내 대학끼리 경쟁하는 시대는 점차 과거가 되고 있는 것이다. 취업 준비생인 학생은 이제 글로벌 차원에서 경쟁력을 가져야 한다. 국내 대학의 경쟁력이 취약한 상황에서 학부모의 소득이 상승하면서 학생과 학부모는 해외 소재 유명 대학으로 눈을 돌리지 않을 수 없다. 대학에 대한 규제가 해외 유학을 유발하고 있는 것이다. 일부 학생과 학부모는 조기유학을 택한다. 그러나 해외 유학은 긍정적인 측면만 있는 것이 아니다. 해외유학생의 경우에 학부모의 이혼이나 자살 등과 같은 가족의 해체로 이어진다. 해외유학생의 경우에 학업의 실패 확률이 국내 대학에 진학하는 경우보다 높다고들 한다. 이렇게 눈에 안 보이는 비용까지 포함하면 해외 유학생과 학부모가 지불하는 대가는 국내 대학에 진학하는 경우보다 훨씬 크다.

대학의 경쟁력이 낮은 점은 대학의 평가 순위에 잘 나타나고 있다. 〈표 3〉은 두 대학 평가기관이 평가한 2014년 현재 한국 일부 대학의 국제 순위를 보여준다. 가장 높은 평가를 받은 서울대도 31위 또는 50위다. 만약 국공립대학을 제외하고 사립대학만을 고려하면 연세대가 106위 또는 201~225위이다. 고려대가 116위 또는 201~225위이다. 성균관대는 140위 또는 148위이다. 한국 사립대

| 표 3 | 2014년 한국 주요 대학의 국제 순위

구분	QS	Times
서울대	31	50
KAIST	51	52
포스텍	86	66
연세대	106	201-225
고려대	116	201-225
성균관대	140	148

자료: 한국교육개발원, 2014 간추린 교육통계, 2014에서 재인용.
QS: http://www.topuniversities.com
Times: http://www.timeshighereducation.co.uk

주: 1. 순위는 QS 기준으로 정렬
2. 포스텍은 설립 당시 출연기관이 공기업이었기 때문에 국공립대학에 가깝다고 보는 것이 옳음

| 표 4 | 한국 대학교육의 경쟁력 순위 (스위스 국제경영개발원 발표)

	2010	2011	2012	2013	2014
교육제도	31	20	27	27	29
대학교육	46	39	42	41	53
고등교육이수율	2	2	2	2	2

자료: IMD, The World Competitiveness Yearbook, 2014.
주: 조사 대상 60개국 중에서의 순위를 나타냄

학의 국제 경쟁력이 QS 평가로는 연세대가 가장 높아서 106위이고 Times 평가로는 성균관대가 가장 높아서 148위다. 이렇게 한국 대학의 국제 경쟁력이 낮은 상황이다. 국공립대학에 비해 사립대학의 상황이 더 심각하다.

대학의 경쟁력이 낮은 사실은 다른 자료에서도 확인된다. 〈표 4〉는 스위스 소재 국제경영개발원(Internation Institute of Management Development, IMD)이 발표한 한국 대학교육의 경쟁력 순위다. 대학교육은 2014년 기준 조사 대상 60개국 중 53위다. 이 순위는 2010년 46위, 2011년 39위, 2012년 42위, 2013년 41위였다. 25~34세의 고등교육 이수율은 2014년 기준 조사 대상 60개국 중에서 2위다. 이 순위는 2010년 이후에 변함이 없다. 즉 25~34세의 고등교육 이수율은 매우 높지만 고등교육의 질적인 측면은 하위권임을 보여주는 것이다.

앞에서 한국의 대학들이 낮은 경쟁력을 가지게 됨을 알았는데 그 구조적인 원인은 정부의 등록금에 대한 규제와 정원 규제 때문이다. 대학 교육 전체를 조망해보면, 학생과 학부모 입장에서 절실히 필요한 것은 경쟁력이 잘 갖추어진 대학이다. 세계적 수준의 사립대학이 많이 나오기 위해서는 대학에 자유와 자율을 최대한 허용하는 것이다. 이 점에 대한 자세한 분석은 제4장에서 더 다룰 것이다.

대학의 지배구조[29]

앞에서 국공립학교보다는 사립학교가 자유시장경제에 어울리는 학교라는 점을 지적했다. 그러므로 여기에서는 사립대학의 지배구조만을 검토하고자 한다. 국공립대학에 대해서는 제5장에서 다루고자 한다. 사립대학의 지배구조와 직접적인 관련이 있는 제도는 개방이사 제도와 대학 평의원회 제도이다. 두 제도를 차례로 검토하기로 한다.

어느 조직이나 지배구조가 분명해야 한다. 재산권을 행사하는 데 지장이 없도록 지배구조를 만들어 놓는 것이 해당 조직의 효율적인 운영상 필요하다. 사립대학은 사적 재산이기 때문에 재산의 소유자 또는 대학의 설립자가 원하는 바에 따라 지배구조를 만들 필요가 있을 뿐 아니라 그렇게 만들 권리도 가지고 있다. 한마디로 사립대학의 지배구조는 대학의 설립자 또는 소유자가 재산권을 잘 행사할 수 있도록 만들어야 한다는 것이다.

현행 개방이사 제도는 사립대학의 지배구조를 만드는 데 있어서 비록 부분적이지만 대학 설립자 또는 소유자의 재산권을 부인하는 것이다. 한마디로 개방이사는 대학의 설립자 또는 그 후계자가 지명하는 이사가 아닌 이사로서 대학의 설립자 또는 그 후계자와 관련이 없는 이사다. 이러한 상황에서 사립대학의 자산은 대학의 설립자 또는 그 후계자의 영향에서 벗어날 수 있다. 그 결과 사립대학

---

29 대학의 자율화와 관련하여서는 제5장에서 분석할 것이다.

의 자산이 공공영역에 놓이게 되거나 공공재가 되어버린다.

그러나 사립대학은 그 대학의 설립자 또는 그 후계자의 자산이고 바로 그 이유로 대학의 지배구조는 설립자 또는 그 후계자의 의지가 반영될 수 있도록 만들어져야 한다. 그렇게 될 때 대학의 자산은 가장 효율적으로 운영 또는 처분될 것이다. 그러므로 개방이사 제도는 폐지하는 것이 바람직하다. 다만 개방이사의 구성에 직접적인 영향을 미치는 제도는 대학 평의원회이기 때문에 대학 평의원회 제도를 검토하고 분석하지 않을 수 없다. 그러나 대학 평의원회 제도는 다음 절에서 자세히 다루고자 한다.

개방이사 제도를 폐지하면 대학의 이사는 모두 대학의 설립자 또는 그 후계자와 관련이 있는 사람으로 채워질 것이고 그렇게 되면 각종 비리, 부정, 대학 경영상의 전횡 등이 만연할 것이라는 비판이 있다. 그러나 대학교육에서 발생하고 있는 비리, 부정, 전횡 등은 사회 전체에서 발생하는 그것들에 비하면 여전히 드물게 발생하는 사건이다. 비록 드물게 발생하고 있지만 비리, 부정, 전횡 등은 나쁜 것이고 악영향이 작지 않다. 그러므로 비리, 부정, 전횡 등을 억제하는 것은 분명히 필요하고 중요한 일이다.

사립대학의 비리, 부정, 전횡 등은 사실 국가가 교육을 통제하고 간섭하기 때문에 발생하고 있다는 것이 정확한 진단일 것이다. 비록 명목상으로는 그렇게 보이지 않을지 몰라도 말이다. 사립대학의 비리, 부정, 전횡 등은 대학 간 경쟁에 의해 효과적으로 억제될 것이다. 경쟁만이 효율적으로 그런 문제를 해결할 수 있다. 그러므로 사립대학의 비리, 부정, 전횡 등의 발생을 막기 위해서는 교육에 대한 국가의 통제를 폐지함으로써 대학 간 경쟁을 치열하게 만들어야 한다.

사립학교법에는 대학의 지배구조에 영향을 미치는 많은 법률 조항이 있다. 그런 조항은 모두 앞에서 제시한 원칙에 맞게 개정할 필요가 있다. 그 원칙이란 사립대학의 지배구조를 결정하는 일을 학교법인의 설립자 또는 그 후계자에게 전적으로 맡기는 것을 말한다. 그렇게 할 때 대학이 스스로의 이익을 위해 노력하게 될 것이고, 그 결과 대학은 최선의 경쟁력을 확보할 수 있을 것이다.

사립대학의 지배구조에 영향을 미치는 것으로 대학 평의원회가 있다. 대학 평의원회는 심의기구지만 개방이사의 추천에 관여함으로써 사립대학의 지배구조에 영향을 미친다. 개방이사는 5인 이상으로 구성된 개방이사추천위원회에서 추천하는데 대학 평의원회는 추천위원회 위원의 2분의 1을 추천하게 되어 있다. 사립학교법은 '개방이사 수는 학교법인 이사 정수의 4분의 1(단, 소수점 이하는 올림한다)로 한다'고 규정하고 있다. 사립학교법에서 학교법인은 임원으로 7인 이상의 이사와 2인 이상의 감사를 두는 것을 의무로 하고 있다.

대학 평의원회는 개방이사의 추천에 영향을 미침으로써 대학 법인에서 핵심이라 할 수 있는 이사회의 결정에 영향을 미친다. 대학 평의원회는 일반적으로 교원, 직원, 학생의 대표로 구성된다. 그런데 교원과 직원은 대학에서 피고용인이고 학생은 대학 서비스의 수요자 또는 소비자다. 결국 대학 평의원회의 추천을 통해서 결정되는 개방이사는 대학 서비스의 피고용인과 소비자의 대표인 셈이다.

사립대학이 개인의 재산이고, 이사회는 재산 소유자 자신이나 소유자의 재산을 잘 운용하고 보호할 수 있는 사람으로 구성되어야 한다는 점에서 현행 대학 평의원회 제도는 반자본주의적인 제도라 할 수 있다. 개방이사 제도와 함께, 대학 평의원회는 대학 설립자 또는 그 후계자의 재산권을 침해하는 것이다. 그러므로 대학 평의원회와 개방이사 제도는 폐지하는 것이 바람직하다.

그러나 대학의 설립자 또는 그 후계자가 잘못된 결정 또는 독단적인 결정을 하는 경우에는 어떻게 해야 하는가? 우리가 대학 설립자 또는 그 후계자의 결정을 견제할 수 있는 훌륭한 제도는 시장에서의 경쟁이다. 경쟁자의 경쟁은 다른 경쟁자를 잘못된 길로 들어서는 것을 훌륭하게 견제한다. 그러나 현실에서 경쟁은 정부에 의해 상당히 억제되어 있다. 정원 규제, 등록금 규제, 시설 규제, 기타 각종 규제 등이 현실 세계에서의 경쟁을 억제하는 것이다. 경쟁이 억제 또는 제한됨으로써 대학 설립자 또는 경영자가 잘못된 결정을 할 수 있는 가능성이 커지게 된다. 그러므로 대학의 설립과 경영에 있어서의 부정과 비리는 경쟁의 부재 또는 억제 때문에 발생하고 있다고 인식해야 한다. 그리고 그러한 인식하에서 정부가 양산한 각종 규제를 철폐하는 것이 가장 효과적인 방법일 것이다.

요약하면, 반자본주의 제도의 일종인 개방이사 제도와 대학 평의원회 제도는 장점보다는 단점이 많은 제도이다. 그 점에서 대학 평의원회 제도와 개방이사 제도는 폐지하는 것이 바람직하다. 문제는 대학 평의원회 제도와 개방이사 제도를 폐지하는 순서다. 먼저 대학에 내려진 각종 규제를 철폐하여 대학 간 경쟁을 촉진하도록 하는 것이 우선이다. 그 다음에 대학 평의원회 제도와 개방이사 제도를 폐지하는 것이다. 또는 각종 규제와 대학 평의원회를 포함한 개방이사 제도를 동시에 폐지하는 것도 한 가지 방법이 될 것이다. 사립대학의 재산을 잘 보호할 수 있는 방향으로 지배구조를 결정할 권한을 사립대학의 설립자 또는 소유자에게 맡길 것을 제안한다.

4

정부

반시장적 규제의 양산

교육에서 정부의 첫 번째 역할은 앞에서 지적하였다. 교육에서 정부의 두 번째 역할은 교육 정책 또는 제도를 결정하는 것이다. 두 번째 역할이 첫 번째 역할보다 훨씬 중요하다. 〈표 5〉는 해방 이후의 주요 교육 정책을 가격 관련 정책과 비가격 관련 정책으로 구분하고, 다시 친시장적 정책과 반시장적 정책으로 구분했다. 물론 친시장적 정책은 바람직한 것이고 반시장적 정책은 바람직하지 못한 것이다.

〈표 5〉에서 우리는 몇 가지 시사점을 유도할 수 있다. 첫째, 전체적으로는 정부 주도 개혁으로서 학생과 학부모의 요구가 무시되어 왔다는 것이다. 반시장적 정책과 제도가 그 예다. 물론 과외 전면 허용과 같은 예외적인 정책이 없는 것은 아니지만 말이다. 둘째, 교육 정책이 규제 위주일 뿐 아니라 친시장적 정책인 경우에도 명

목상일 뿐이고 정부가 실질적으로 규제하고 있는 경우가 대부분이라는 것이다. 대학 등록금 자율화가 여기에 해당한다. 대학의 등록금은 명목상 자율화가 되었지만 실질적으로는 정부의 강력한 통제와 간섭을 받고 있기 때문이다. 셋째, 교육 관계 당국이 대입제도를 포함해서 교육 관련 정책을 너무 자주 바꿈으로써 학생과 학부모를 불안하게 만들어왔음을 부인할 수 없다. 어떤 경우에는 제도를 너

| 표 5 | 해방 이후 주요 교육 정책의 구분

	친시장 정책	반시장 정책
가격 관련 정책	사립대 등록금 자율화(1989) 국공립대 등록금 자율화(2003)	초등학교 의무교육 중학교 학교 운영비 징수 폐지 (2010~2013) 기여입학제 금지(1995) 등록금 인상률 상한제(2010) 만5세 유아 교육비 전액 지원 (2012) 만3~4세 유아 교육비 전액 지원 (2013)
비가격 관련 정책	대입제도 대학 자율 (본고사, 논술고사 등) 자립형 사립고 도입(1995) 과외 전면 허용(2000) 개방형 자율 학교 허용(2006) 국제 중학교 설립 허용(2008) 고교 선택제(2008) 체벌 금지(2011) 학생자치활동 활성화(2011) 자율형 사립고(2010) 학부모 상담제(2011)	대입제도 국가 관리(대학예비고사, 수학능력고사 등) 중학교 입시 폐지(1969) 고교평준화(1974) 내신도입(1980) 과외금지(1980) 대학졸업정원제(1980) 대학입학정원제(1988) 본고사 금지(1995) BK21사업(1997) 고교등급제 금지(1998) 교원노조 설립 허용(1999) 혁신학교(2009)

자료: 안재욱 외(2011), 147쪽 내용을 일부 수정
주: 가격 관련 정책과 비가격 관련 정책을 엄밀히 구분할 수 있는 것은 아님.

무 성급하게 바꿈으로써 희생자가 상당수 발생하거나 그런 문제를 피하기 위하여 '자퇴'를 하는 등의 비교육적인 일이 발생해 왔다는 점이다. 교육의 이런 질적인 측면은 통계에 잘 나타나지 않지만 존재하는 것이 사실이다. 넷째, 표에는 나타나지 않지만 최근에는 교육을 복지라는 관점에서 접근하는 정책, 예를 들어 무상급식, 누리과정, 대학생 반값 등록금, 국가 장학금의 확대 등과 같은 정부 개입이 빠르게 증가하고 있다. 무상급식은 2012년 1조 9,450억 원에서 2015년 2조 6,000억 원으로 증가했고, 대학생 반값 등록금 지원을 위한 예산은 2012년 1조 9,239억 원에서 2015년 3조 9,120억 원으로 늘어났다. 앞의 시사점에서 규제에 대한 자세한 논의는 아래에서 하고자 한다.

과다한 교육비 지출

여기에서 우리 사회가 교육에 지출하는 비용을 보기로 한다. 그 비용은 두 가지다. 하나는 학생과 학부모가 사교육비로 지불하는 것이고, 다른 하나는 정부가 교육부 예산으로 지출하는 것이다. 사교육비는 학생과 학부모가 지불하기 때문에 '제4장 1절 학생과 학부모'에서 다루는 것이 적절하지만 정부가 지출하는 교육비 예산을 포함한 사회 전체 교육비 지출 추세를 아는 것이 중요하기 때문에 여기에서 다룬다.

〈표 6〉은 연도별 교육비 지출과 학생 수의 변화를 보여준다. 교육부의 예산과 민간 교육비 지출을 합산한 금액을 GDP로 나눈 값이 칼럼(G)다. 이 비율은 2009년을 정점으로 하락하여 2013년에는 6.83%를 기록하고 있다. 이 비율이 하락하게 된 데는 학생 수의 감

| 표 6 | 연도별 교육비 지출과 학생 수의 변화

단위: 십억 원, 천 명, %

연도	GDP (A)	교육부 예산 (B)	민간 교육비 지출 (C)	(D) =(B+C)	(E) =(B/A) *100	(F) =(C/A) *100	(G) =(D/A) *100	(H) 학생 수*
1988	140,524.8	3,610.8	3,788.7	7,399.5	2.57	2.70	5.27	11,218
1993	298,761.6	9,831.4	8,578.5	18,409.9	3.29	2.87	6.16	10,915
1998	501,027.2	18,127.8	15,001.3	33,129.1	3.62	2.99	6.61	11,124
2003	767,113.7	20,194.2	26,068.6	46,262.8	2.63	3.40	6.03	11,325
2008	1,026,451.8	35,319.0	40,351.1	75,670.1	3.44	3.93	7.37	11,094
2009	1,063,059.1	38,022.3	41,211.5	79,233.8	3.58	3.88	7.45	10,943
2010	1,265,300.0	41,627.5	42,134.3	83,761.8	3.29	3.33	6.62	10,880
2011	1,332,700.0	45,116.6	42,812.1	87,928.7	3.39	3.21	6.60	10,726
2012	1,377,500.0	53,263.7	40,866.0	94,129.7	3.87	2.97	6.84	10,450
2013	1,428,300.0	57,134.4	40,458.3	97,592.7	4.00	2.83	6.83	10,191

자료: GDP - 통계청
　　교육부 예산 - 교육통계서비스(교육통계연보, 1988-2013)
　　교육재정 - 정부예산 규모 대 교육부 세출예산
　　교육비 지출 - 통계청(국민계정, 가계의 목적별 최종소비지출)
　　학생 수 - 교육통계서비스(교육통계연보, 1988-2013)

주: 학생 수는 초등학생, 중학생, 고등학생, 대학생, 대학원생의 총합임. 고등학생은 일반고와 전문계고의 총합이고, 대학생은 전문대학, 일반대학, 교육대학, 방송통신대학, 기타 대학(개방 대학, 각종 대학 포함)의 총합임.

소, 일인당 사교육비의 감소, 일인당 사교육 참여율 감소 등이 영향을 주었다고 보인다. 그런 변화에는 대학생 취업의 어려움, 고등학교 졸업생 취업 증가 등이 영향을 주고 있는 것으로 보인다. 참고로 초·중·고 일인당 사교육 참여율은 2009년 75.0%에서 2013년 68.8%로 하락했고, 초·중·고 일인당 평균 사교육비는 2009년 24만9,100원에서 2013년 22만 1,900원으로 감소했다.[30] 연도별 학생

---

30 자료: 통계청, 2013년 사교육비 조사결과.

수 변화는 칼럼(H)에 나와 있다. 학생 수는 2003년 1,132만 5,000명으로 정점에 달했고 그 이후 지속적으로 감소하여 2013년 1,019만 1,000명이다. 10년 만에 약 10% 감소했다.

교육부 예산이 GDP에서 차지하는 비중을 보여주는 것은 칼럼(E)다. 이 값은 2009년에 3.58%에서 2013년 현재 4.00%로 상승했다. 물론 2010년과 2011년의 예외가 있기는 하지만 말이다. 무상급식, 반값 등록금 등으로 교육부 예산이 증가했기 때문이다. 학생 수가 줄어들고 있는 추세라는 점을 감안하면 학생 일인당으로 환산한 교육부의 지출은 칼럼(E)보다 더 크게 증대하고 있다고 하겠다. 한마디로, 민간 사교육비 지출과 반대로 교육부 예산은 증대하고 있는 추세다.

민간 교육비 지출과 교육부 예산의 합이 GDP에서 차지하는 비중은 한국이 미국이나 일본보다 크다. 한국 민간 교육비 지출이 전체 교육비 지출에서 차지하는 비중이 다른 나라에 비해 훨씬 크다. 〈표 6〉을 보면 2010년까지 민간 교육비 지출이 교육부 예산보다 더 많았다. 물론 예외적인 연도도 있지만 말이다. 만약 학교교육이 충분하다면 민간은 교육비를 추가로 지출할 필요를 크게 느끼지 못할 것이다. 뒤에서 보겠지만 대학의 수요와 공급이 일치하지 않기 때문에 실제로 지불하는 가격이 상승하게 되는 데 이것이 비공식 교육기관의 교육, 소위 사교육으로 나타나는 것이다.

〈그림 4〉는 비공식 교육기관에 의한 교육, 즉 사교육의 수강 목적을 보여주고 있다. 2013년 학교수업 보충이 72.4%, 선행학습 41.2%, 진학준비 23.6%로 나타나고 있다. 이 수치는 공식 교육기관인 학교가 공부에서 중요한 예습(즉 선행학습)과 복습(즉 학교수업 보

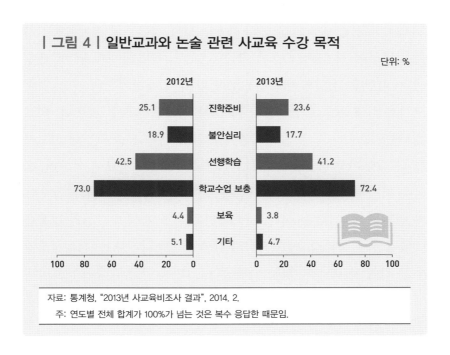

| 그림 4 | 일반교과와 논술 관련 사교육 수강 목적

단위: %

	2012년		2013년
진학준비	25.1		23.6
불안심리	18.9		17.7
선행학습	42.5		41.2
학교수업 보충	73.0		72.4
보육	4.4		3.8
기타	5.1		4.7

자료: 통계청, "2013년 사교육비조사 결과", 2014. 2.
주: 연도별 전체 합계가 100%가 넘는 것은 복수 응답한 때문임.

충)을 제대로 제공하지 않는다는 것을 보여준다. 게다가 상당수 학생은 학교가 충분한 정도의 진학을 위한 준비를 제공하지 않는다고 생각하고 있는 것이다. 〈그림 4〉는 공식 교육기관의 교육이 학생과 학부모 입장에서 충분하지 못함을 보여주는 자료다.

통계청의 '2012년 사회조사 결과(가족, 보건, 안전, 환경)'에 의하면 자녀 유학을 원하는 이유에 대해, '한국의 학교교육제도가 싫어서', '국제적 안목을 지닌 인재로 키우기 위해', '자녀의 능력과 재능에 적합한 교육을 시키기 위해', '사교육비가 너무 많이 들어서' 등을 꼽고 있다. 이것은 한국의 학교교육이 효율적이지 못함을 보여주는 간접적인 증거라고 볼 수 있다.

처음 직장을 시작하는 연령인 '입직연령'은 한국의 경우 27.2세로

OECD 국가 중에서 가장 높다.[31] 15~24세 청년층의 경제활동참가율은 한국이 31.4%로 OECD 평균인 51.7%에 비해 매우 낮다. 재수생, 어학연수, 취업의 어려움으로 인한 대학 재학기간의 연장, 각종 고시 준비생 등으로 청년층의 경제활동참가율이 낮은 것이다. 의료계, 법조계 등과 같은 특정 직종에 고급 인재가 집중되는 현상도 다른 나라에 비해 한국에서 정도가 심하다. OECD 자료에 의하면, 한국은 지식형성을 위한 자원투입을 보여주는 지표인 '지식투입지수'가 선진국 대비 90.2%이나, 지식형성을 위한 지식의 확산과 활용을 나타내는 '지식과정지수', 지식의 산출성과를 나타내는 '지식성과지수'는 각각 45.9%, 30.0%로 나타났다. 그만큼 한국 교육이 비효율적이고 낭비가 많다는 것을 의미한다고 하겠다. 앞에서 제시한 각종 통계는 한국 교육이 비효율적임을 보여주는 직접적인 증거다.

---

31 황영남, '공교육의 문제점과 개혁 방안', 42쪽 재인용.

제 4 장

한국 교육
문제점의 원인

1

가장 근본적인 원인

여기에서는 오늘날 한국 교육 문제점의 가장 근본적인 원인을 제시하고자 한다. 인간은 스스로 목적을 선택한다.[32] 그리고 스스로 선택한 목적을 위하여 목적을 가장 잘 이룰 수 있다고 예상되는 수단을 선택한다. 즉 인간은 목적과 수단 모두 스스로 선택한다. 교육도 다른 수단처럼 자신이 선택한 목적을 이루기 위한 수단의 일종이다. 교육이라는 수단은 수단이라는 바로 그 이유로 다양할수록 좋다. 수단이 다양하면 다양할수록 행동하는 인간이 목적을 이루기 위해 가장 효과적인 수단 또는 가장 효율적인 수단을 찾기 쉽기 때문이다.

교육이라는 수단이 다양해지기 위해서는 자유가 필수적이다. 예를 들어, 좋은 대학에 입학하는 것이 중간 단계의 목적이라면 그 목

---

[32] 목적과 수단에 대한 자세한 설명은 Mises(1996), 제4장 참조.

적을 위하여 자신의 능력—재무적 능력뿐 아니라 공부 능력이라는 점에서—에 맞는 고등학교가 필요하다. 만약 고등학교를 설립할 자유가 없다면 다양한 고등학교는 존재하지 않을 것이다. 교육 수요자 입장에서도 선택할 고등학교가 제한되어 있다면 다른 대안을 찾게 될 것이다. 오늘날 학생과 학부모가 학교와 같은 공식 교육기관을 덜 중요시하고, 비공식 교육기관인 과외나 사설학원을 더 중요하게 여기게 된 것은 궁극적으로 교육에서 자유가 억제되거나 제한되어 있기 때문이다. 공식 교육기관이 다양하지 못하기 때문에 비공식 교육기관을 찾고 있는 것이다. 학교, 사설학원, 과외 등과 같은 교육의 공급자들끼리 경쟁하기 위해서는 교육 공급자들에게 자유가 필수적이다. 특히 공식 교육기관인 학교에서 다양한 교육을 공급하는 것은 매우 제한적이다. 예를 들어 공식 교육기관으로서의 고등학교는 대부분이 일반 고등학교로서, 다양성이 매우 제한되어 있다고 하겠다.

소비자의 다양한 요구를 만족시키는 경우를 생각해보자. 한 예로 공식 교육기관인 학교에서는 우열반을 편성하는 것이 매우 제한되어 있다. 그에 비하면 과외는 교육 수요자인 학생의 수준에 딱 맞는 교육을 제공한다. 사설학원도 공식 학교들보다는 매우 수요자 지향적이다. 결국 한국의 공식학교는 다른 교육기관보다는 수요자 지향의 교육을 제공하는 일에 경쟁력이 약하다고 할 수 있다. 교육 공급자들이 수요자의 욕구를 만족시키기 위해서는 수요자 지향의 교육을 제공하는 일이 필수고, 그렇게 하기 위한 필수적이고도 가장 중요한 조건은 교육 공급자에게 최대한 많은 자유를 주는 것이다.

교육에서 자유가 보장되는 정도를 가늠해 볼 수 있는 수량적인

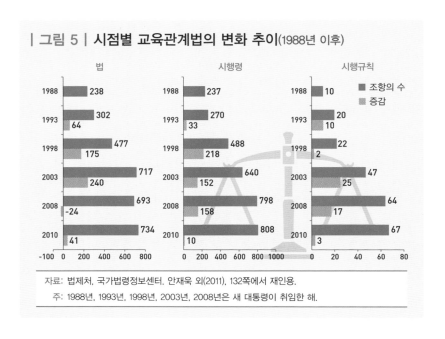

| 그림 5 | **시점별 교육관계법의 변화 추이**(1988년 이후)

법

1988	238
1993	302 / 64
1998	477 / 175
2003	717 / 240
2008	693 / -24
2010	734 / 41

시행령

1988	237
1993	270 / 33
1998	488 / 218
2003	640 / 152
2008	798 / 158
2010	808 / 10

시행규칙

■ 조항의 수
■ 증감

1988	10
1993	20 / 10
1998	22 / 2
2003	47 / 25
2008	64 / 17
2010	67 / 3

자료: 법제처, 국가법령정보센터. 안재욱 외(2011), 132쪽에서 재인용.
주: 1988년, 1993년, 1998년, 2003년, 2008년은 새 대통령이 취임한 해.

잣대 중의 하나로 규제의 수가 있다. 〈그림 5〉은 일정 시점에 있어서 교육 관계법의 총량을 법률, 시행령, 시행규칙 등으로 나누어 보여줄 뿐 아니라 총량의 증감을 보여준다. 교육관련 법률은 1988년 238개 조항에서 2010년 734개 조항으로 증가하여 같은 기간에 약 3.1배 증가하였다. 교육 관련 시행령은 1988년 237개 조항에서 2010년 808개 조항으로 증가하여 같은 기간에 약 3.4배 증가하였다. 교육 관련 시행규칙은 1988년 10개 조항에서 2010년 67개 조항으로 증가하여 같은 기간에 약 6.7배 증가하였다. 가장 많이 증가한 것은 시행규칙이고 그 다음이 시행령, 법률의 순서다. 구간별로 나누어보면 1998년부터 2003년까지, 즉 김대중 정부 시절에 교육관계법의 총량이 가장 많이 증가했다. 그 다음으로 교육관계법 총량이 가장 많이 증가했던 시기는 1993년부터 1998년까지, 즉 김영삼 정부 기간이었다. 물론 이들 규제 중에는 국민의 신체와 재산과 자유를 보호하는 것도 포함되어 있다. 그 점을 감안하더라도 지난 22년 동안 규제의 폭발적인 증가는 교육 주체들의 자유를 억제하거나 통제했을 것이 틀림없다.

교육에 정부가 얼마나 규제하고 그 결과 교육 주체들의 자유가 얼마나 없는가를 보여주는 다른 지표는 교육부 예산이 국내총생산에서 차지하는 비중을 보여주는 수치다. 〈표 6〉에는 연도별 교육부 예산과 그것이 국내총생산GDP에서 차지하는 비중이 나와 있다. 일반적으로 교육부 예산은 정부가 민간에 얼마나 규제와 간섭을 하는가를 보여주는 간접적인 수량지표다. 연도별 교육부 예산을 국내총생산으로 나눈 값을 칼럼(E)에 표시하였다. 이 수치는 1988년에 2.57%에서 2013년에는 4.00%로 크게 상승했다. 지난 25년 동안 이 수치는 일부 연도에서는 하락하기도 했지만 전반적으로 상승 추세다. 이것은 공교육을 강화해야 한다는 목소리를 반영한 것으로 여겨진다.

대통령 재임 기간으로 구분하면 노무현 정부 기간에 칼럼(E)의 수치가 가장 크게 상승했지만 학생 수와 비교하면 이명박 정부 시절에 그 수치가 가장 크게 올라갔다. 교육부 예산이 국내총생산에서 차지하는 비중을 보여주는 수치는 학생 수와 비교하면 더욱 분명해진다. 학생 수는 칼럼(H)에 나와 있다. 1988년에 학생 수가 약 1,122만 명에서 2013년에는 약 1,019만 명으로 약 9.2% 정도 감소했다. 물론 학생 수도 두 연도 사이에 조금 증가했다가 감소한 적이 있다. 그러나 학생 수의 감소 추세는 뚜렷하다. 학생 수가 감소하고 있음에도 불구하고 국내총생산 대비 교육부 예산의 비중이 증가하고 있다는 것은 정부가 민간의 교육 활동에 과도한 규제와 간섭을 해왔다는 것을 보여준다.

오늘날 한국 교육에서의 각종 폐해와 문제는 자유가 너무 없기 때문에 발생하고 있다. 자유가 매우 부족한 것은 교육과 관련한 모든 사람, 모든 교육기관에 해당한다. 이 점은 교육 관련 참가자들에게 자유가 최대한 많이 보장되어 있는 미국과 비교하면 분명해진다. 미국도 학교교육에서 공립학교에 비해 사립학교가 문제가 적다. 공립학교에 비해 사립학교에 자유가 더 많이 주어지기 때문이다.

교육이 인간의 삶에 도움이 될 수 있도록 하기 위해서는 인간 개개인의 다양성을 존중해야 한다. 왜냐하면 인간 개개인은 모두 다르기 때문이다. 교사와 학교가 개인의 다양성을 존중하기 위해서는 자유가 긴요하다. 자유 없이 개인의 다양성을 존중할 방법은 없다. 물론 우리가 자유를 말할 때 이 자유는 재정적 결정도 포함한다. 다양성을 존중하는 교육을 위해 재정적 뒷받침이 충분조건은 아니지만 필요조건이라는 것이 분명하기 때문이다.

정주영 현대그룹 회장은 개인의 자유가 얼마나 중요한가를 다음과 같이 말한 적이 있다. 즉 "개개인의 자유가 구속되고 타의에 의해 직업이 주어지고, 사는 곳이 정해지는 사회에서 사는 것만큼 큰 불행은 없다."[33] 자유에 대한 그의 식견은 교육에 그대로 적용 가능하다. 고등학교를 강제 배정받고, 자기 주변에 좋은 자율형 사립고가 부족하고, 양질의 교육을 제공하는 대학이 부족하여 해외로 유학을 가며, 대학이 충분하지 않아 재수·삼수를 하는 등의 현실은 모

---

33 김명호 편, 「정주영 어록」, 삼련서점, 2002, 157쪽.

두 자유가 부족하기 때문에 일어나고 있는 일이다. 정주영 회장의 말에 의하면 한국의 학생과 학부모뿐 아니라 학교를 운영하는 담당 자까지 모두 불행한 것이다. 교육부 관료들만 예외다. 그들은 교육과 관련한 모든 일을 통제하고 규제하기 때문이다.

2

경제 제도적 관점에서 본 원인

경제 제도는 크게 세 가지로 구분할 수 있다. 즉 자본주의, 사회주의, 간섭주의다. 이와 유사한 것, 예를 들어 공산주의, 복지국가주의, 파시즘 등은 사회주의와 유사하기 때문에 사회주의의 일종으로 간주한다. 여기에서는 경제 제도적 관점에서 한국 교육 문제의 원인을 검토하고자 한다.

자본주의

자본주의는 자산의 소유권을 민간이 가지고 있고, 거래를 위한 계약의 자유를 완전히 인정하는 제도다. 자본주의는 두 가지로 구성된다. 자산의 사적 소유를 보호하는 것과 계약의 자유를 보장하는 것이다. 먼저 자산의 사적 소유가 인간에게 얼마나 중요한가를 본다.

인간은 재산 없이는 생존할 수 없다. 물과 공기만으로는 겨우 며칠을 생존할 수 있을 뿐이다. 태어나는 순간부터 인간은 음식을 섭

취하지 않으면 생존할 수 없다. 모유로 생존하는 경우에도 그 어머니가 음식을 정상적으로 섭취해야 아이가 건강하고 정상적으로 성장할 수 있다. 모유를 중단하는 경우에 아기에게 음식은 생존을 위해 반드시 필요하다. 그리고 교환 경제에서 음식을 구하기 위해 재산이 필요하다. 물물교환 경제에서도 음식을 만들기 위해 자신의 몸을 사용해야 하고 몸은 그 몸을 소유한 사람의 재산이다. 그러므로 인간에게 재산은 생존을 위해 필수 불가결한 것이다.

재산이 인간에게 필수적인 만큼 재산의 획득·사용·처분에 있어서 불편함이 없도록 하는 것이 인간의 삶을 도와주는 것이다. 그렇게 하기 위해서는 어떤 것이 그 재산으로부터 파생되는 권리이고, 어떤 것이 권리가 아닌가를 엄격히 구분지어야 한다. 그런 뒤에 재산으로부터 파생되는 권리, 즉 재산권을 가장 잘 보호하는 것이 국가가 해야 할 의무다. 국가를 포함한 누군가가 그런 일을 하지 않는다면 재산권은 잘 보호되지 않을 것이고, 그런 세상에서 인간은 열악한 삶을 살 수밖에 없다. 그리고 그 결과 문명은 발달할 수 없다. 문명은 개인 소유의 재산권을 보호한 결과의 산물이다. 과거에 인민의 재산권을 잘 보호하지 않은 왕이나 영주는 오래 통치하지 못했다. 문명이 발달한 나라들은 비록 완전하지는 않지만 재산권을 보호했다. 그러므로 재산권을 보호하는 것은 인간의 삶과 자유와 문명의 발달을 위해 필수적인 것이다.

사립학교는 설립자의 의사와 재산으로 독자적인 교육목적을 구현하기 위하여 설립된 학교다. 따라서 설립자는 학교의 운영과 처분의 자율적 권리를 가져야 하며, 정부는 이러한 재산권을 보장하고 보호해야 할 의무가 있다. 사립학교의 재산권이 보호되지 않는다면 사립학교는 사실상 국공립학교와 동일하게 된다. 이론적·실증적으로 사립학교가 국공립학교보다 경쟁력 있는 것은 분명하다. 만약 사립학교의 재산권을 보호하지 않는다면 교육계의 생산성은 매우 떨어질 것이다. 사립학교가 거의 없는 초등학교 수준에서는 교육이 매우 염려되고, 사립학교가 상대적으로 많은 대학교 수준으로 갈수록 비록 문제가 없는 것은 아니지만 약간이라도 적어지는 것은 그 점을 잘 보여준다. 여기에서 문제란 왕따, 체벌, 암기 위주의 교육, 학교폭력, 뇌물, 성폭력, 수요자의 요구를 반영하지 않는 점 등을 말한다.

사립학교의 재산권에 대한 침해를 허용하는 것은 그 자체로 부당할 뿐 아니라 교육계의 생산성이라는 점에서도 옳은 방향이 아니다. 그럼에도 불구하고 국회와 같은 입법 기구나 대의제 기관에 의한 법제정은 사립학교에 대한 재산권을 보호하기보다는 침해하는 것을 용인하는 방향으로 전개되어 왔다는 것이 정확한 지적일 것이다.

사적 자산의 소유를 아무리 보호하더라도 그 자산을 획득 또는 처분하는 경우에 계약의 자유가 없다면 자산의 사적 소유는 사실상 무의미하다. 자산의 사적 소유에는 계약의 자유가 반드시 필요하다. 그러나 한편 정부는 자산의 사적 소유를 보호한다고 강조하며 계약에 대해서는 통제하고 규제한다. 이것은 자본주의가 아니라 간섭주의다. 오늘날 정부는 사적 자산의 소유를 보호하라는 요구에 직면하여 그런 요구를 받아들이고 있지만 계약의 자유를 억제함으로써 사실상 사적 자산을 통제하고 있다.

자본주의를 '자유시장free market' 또는 정부의 '간섭이나 방해가 없는 시장unhampered market'이라고 부르기도 한다. 자유시장에서 민간은 자기 자신의 이익을 위해 거래에 참여하고 계약한다. 이때 거래 조건을 어떻게 할 것인가는 순전히 자신의 이해관계에 따라 결정한다. 그러나 거래 당사자들이 언제나 전지전능한 것이 아니기 때문에 사고나 사기와 같은 범죄가 발생할 수도 있다. 이런 문제를 해결하기 위해 법과 질서를 유지하는 일을 누군가가 맡아야 한다. 이런 기능을 누가 맡는가와 상관없이 우리는 그런 기능을 '정부 기능'이라고 지칭할 수 있다.

자본주의 또는 자유시장은 거래 당사자가 자신의 이익을 위하여 행동하기 때문에 거래 당사자 모두가 만족한다. 이 점이 가장 중요하다. 자본주의는 자유기업 체제이기 때문에 경쟁과 효율을 지향하지 않을 수 없다. 그 결과로 어떤 제도보다 경제성과가 좋을 수밖에 없다. 적어도 일반적으로 그렇다는 것이다. Hülsmann(2003)은 이 점을 미제스가 다음과 같이 설명했다고 한다. "예를 들어, 자본주의에 대한 그―미제스를 지칭함―의 과학적 주장은 두 가지 사실에 본질적으로 의존하고 있다. 첫째, 분업이 고립된 노동보다 물리적인 점에서 더 생산적이고, 둘째, 자본주의는 사회주의와 어떤 혼합경제보다 분업을 확대하게 하는데, 왜냐하면 사회주의는 경제계산이 불가능하기 때문이다."[34]

대부분의 경우, 사람들은 경제행위에서 빈곤보다는 풍요를 지향한다. 이때 질서, 평화, 조화 등도 가장 잘 이루어진다. 자본주의를

---

34 Hülsmann(2003), p. liiii에서 인용. 앞의 설명을 한국 교육과 미국 교육에 응용해보면 다음과 같다. 미국의 사립대학과 사립고등학교는 거의 완전한 자본주의이고 그 결과 한국 교육계로 분업을 확대하고 교육의 생산에 있어서 한국의 대학과 고등학교보다 생산적이다. 바로 그 이유로 많은 비용에도 불구하고 매년 일정한 수가 유학을 떠나고 있는 것이다. 물론 사회주의 국가에 속한 학교로 유학을 간 경우는 제외한다.

비판하는 사람이나 전문가는 자유시장이 무질서할 것이라고 주장하지만 그것은 전적으로 틀린 것이다. 물론 질서를 파괴하는 자나 사기꾼 등이 없을 수는 없겠지만 그런 문제를 해결하기 위하여 법과 질서가 존재한다. 한마디로 자본주의 또는 자유시장은 비록 결점이 없는 것은 아니지만 최선의 제도이다.

한국 교육은 어느 정도 자본주의가 실현되고 있는가? 다른 말로 하면, 교육에서 자유시장이라고 할 수 있는 부문은 어디인가? 과외야말로 가장 자본주의적이다. 왜냐하면 과외를 금지했던 때를 제외하면 재산권과 계약의 자유가 가장 잘 보호되고 있는 것이 과외이기 때문이다. 그러므로 정부의 지속된 금지와 억제에도 불구하고 과외는 생존하고 있는 것이다. 사설학원은 학원비를 학원이 비교적 자유롭게 결정할 수 있는 부분과 정부의 통제를 받는 부분으로 나눌 수 있다. 전자는 유학준비생을 대상으로 하는 영어와 기타 영어 학습을 위한 다양한 과목이 있고, 후자는 전자를 제외한 교과목을 모두 포함한다. 그러므로 전자는 자본주의고 후자는 뒤에서 설명하게 될 간섭주의다.

공식 학교는 어느 정도 자본주의적인가? 정부가 학교에 가장 자유를 많이 준 자율형 사립고(이하 '자사고')에 대해 알아본다. 자사고는 2014년 현재 전국 49곳에서 운영되고 있으며, 5년 단위로 평가해 재지정이나 취소 여부를 결정하게 돼 현재 25곳에 대한 평가가 진행되고 있다. 지난 2014년 6월 4일 실시된 전국동시지방선거 결과 전국 17개 시·도 가운데 13곳에서 좌파 성향의 교육감이 당선되었다. 좌파 성향의 일부 교육감은 자사고 폐지를 주장하고 있으나 교육부는 반대하고 있는 실정이다.

이명박 정부가 다양한 교육 수요를 수용하겠다며 2010년 도입한 학교 모델로 기존의 '자립형 사립고'보다 학교의 자율성을 더 확대·발전시킨 것이 자사고다. 초·중등교육법 시행령 제91조 제3항(자율형 사립고)에 의거해 설립된 자사고는 학생의 학교선택권을 다양화하기 위해 교육과정, 교원 인사, 학생 선발 등 학사 운영의 자율성을 최대한 보장받는 학교다. 그리고 자사고는 정부 지원 없이 등록금과 재단 전입금으로 운영된다. 여기까지 보면 자사고는 자본주의라고 할 수 있다. 그러나 정부는 자사고가 등록금을 일반고의 3배 수준까지 받을 수 있도록 제한을 가하고 있다. 즉 자사고는 재단의 재산권을 보호한다는 점에서 자본주의이지만 계약의 자유를 없앴다는 점에서 자본주의라기보다는 아래에서 보게 되는 간섭주의의 일종이다. 고등학교 수준에서 가장 자유가 많이 부여된 자사고마저도 자본주의가 아니라면 다른 고등학교와 고등학교보다 학교급이 낮은 학교는 거론할 필요가 없을 것이다.

〈그림 2〉는 2014년 현재 학교수준별·설립주체별 비율을 보여준다. 초등학교에서는 국공립학교, 즉 사회주의가 거의 전부다. 중학교에서는 사회주의인 국공립학교가 약 80%, 사립학교가 약 20% 정도 있지만 학생이 내는 실질적인 등록금이 무료라는 점에서 중학교는 모두 간섭주의 제도 하에 속한다. 국공립대학은 사회주의지만 전문대학 수준에서 국공립대학의 비중은 작고 4년제 대학에서는 15~20% 정도다. 대학 수준에서는 사립대학의 비중이 월등히 높다. 다만 이 사립대학이 정부의 가격규제를 포함한 각종 규제로 통제되고 있다는 점에서 아래에서 설명하는 간섭주의라고 하겠다.

한마디로 한국 교육계는 경제행위인 교육을 자본주의로 제도화한 경우는 공식 학교에서는 거의 찾을 수 없다. 비공식 교육기관인 과외, 사설학원 등이 자본주의에 가장 근접하고 있는 형편이다. 그리고 일부 학생은 해외 유학을 선택함으로써 자본주의 제도 하에 들어간다. 경제 제도라는 관점에서 보면 한국 교육의 문제는 자본주의가 거의 없다는 점이다. 그리고 정책 입안자들이 이 점을 심각하게 고려하지 않으면 한국 교육의 문제와 폐해를 결코 해결하기 어려울 것이다.

사회주의

사회주의는 국가가 강제적으로 생산수단을 통제하고 장악하는 체제다. 다른 말로 하면, 자산을 국가나 공공단체가 소유하고 계약의 자유가 없는 제도다. 사회주의는 자본주의와 반대 쪽 극한에 있는 제도다. 사회주의는 자본재 시장과 생산요소 시장이 없고, 그 결과 그것들의 가격이 없으며, 소비자를 향한 경쟁이 없는 체제다.

사회주의는 실현가능한 경제체제가 아니다. 사회주의 아래에서는 경제계산을 할 수 없다.[35] 자원을 국가가 소유하면 그 자원에 대한 거래는 존재하지 않고, 결과적으로 그 자원과 자원을 만들기 위하여 투입된 생산요소들에 대한 가격은 생겨나지 않는다. 다른 말로 하면, 생산요소들을 포함한 자본재들의 가격 또는 화폐가격이 부재하기 때문에 경제계산을 할 수 없다. 경제계산이 불가능하거나 불합리하면 잘못된 자원배분, 손실, 곤궁 등이 초래된다. 이 점을 미

---

35 화폐를 사용하면 소비재의 가격은 사회주의에서도 존재한다. 그리고 사회주의에서는 경쟁과 인센티브도 존재한다. 경쟁의 지향점과 인센티브의 구조가 자본주의와 다를 뿐이다. 즉 사회주의가 붕괴한 진정한 원인은 경제계산의 불가능성 때문이라는 것이다.

제스는 다음과 같이 지적한다. "화폐가격이 없는 곳에서는, 가능한 불편을 해소하려는 인간의 노력에 어떤 종류의 행동이 가장 잘 봉사할 수 있는지 찾아낼 수단이 없다."[36]

사회주의에서 경제계산의 문제를 좀 더 자세히 보기로 한다. "통제자—사회주의 계획가를 말함—는 어떤 방법을 선택해야 하나? 그는 지출되어야 할 다양한 자재 항목과 다양한 종류의 노동을 공통분모로 환원할 수 없다. 그러므로 그는 그것들을 비교할 수 없다. 그는 대기 시간(생산 기간) 또는 서비스 성능의 내구성 중 어느 것에도 일정한 수량적 계산을 붙일 수 없다. 즉 지출될 비용과 얻을 이익을 비교할 때 그는 어떠한 산술적 계산에도 의존할 수 없다. 그의 건축 기술자들의 계획은 방대한 종류의 품목들을 열거한다. 그들은 다양한 자재의 물리적·화학적 성질과 다양한 기계들·공구들·공정들의 물리적 생산성에 대해 언급한다. 그러나 그들의 모든 보고는 각각 서로 관련이 없고, 그들 보고 간에 어떤 연관성을 설정하기 위한 수단도 없다. (중략) 경제계산을 없애보라. 그러면 당신은 여러 대안 간에 합리적 선택을 할 수단을 결코 가지고 있지 않다."[37]

경제계산이 불가능해서 생기는 폐해가 전 영역으로 확대되면 사회주의 국가경제 자체가 무너진다.[38] 미제스는 이 점을 다음과 같이 간단명료하게 지적했다. "사회주의는 어떠한 경제계산 방법도 가지고 있지 못하기 때문에, 사회주의는 실현 가능한 사회경제 조직 체

---

36 Mises(2011), 인간행동, 번역서, 419쪽에서 인용.

37 Mises(1996), 698–699쪽 인용. 이 인용문은 사회주의에서 중앙계획자가 집을 한 채 짓는 경우를 예로 들어 사회주의에서 경제계산의 문제를 설명하고 있다.

38 Mises는 사회주의가 경제계산이 불가능하기 때문에 무너질 수밖에 없다는 점을 처음으로 이론적으로 설명했다. 이 점에 대한 자세한 설명은 Mises(1993), 제25–26장 참조.

제가 아니다. (중략) 선택은 자본주의와 무질서(chaos, 사회주의를 상징) 중 하나를 택하는 것이다."[39]

여기에서 한 가지 추가해두어야 할 점은 자본주의를 지향하는 국가에서도 인플레이션이 발생하는 경우에 경제계산이 부정확해진다. 그런 상태나 영역은 사회주의와 크게 다를 바가 없기 때문이다. 다만 인플레이션의 크기와 경제계산의 정확성은 반비례하는 경향이 있다. 즉 자본주의 제도 하의 산업이나 부문에서도 잘못된 자원 배분, 손실, 곤궁 등이 초래될 여지가 있다는 것이다. 특히 국가가 지폐의 발행과 유통을 독점하는 경우에 경제계산의 문제를 피할 수 없다.

사회주의라고 할 수 있는 한국 교육은 어느 부분인가? 바로 국공립 대학교, 국공립 전문대학, 국공립 고등학교, 일부를 제외한 중학교 전체와 초등학교 전체, 국공립 유아교육, 국공립 직업학교, 국공립 특수학교 등이다. 이에 대해서는 〈그림 2〉를 참조할 수 있다. 한마디로, 한국의 학교교육은 사회주의가 주종이라고 하겠다.

여기에서 한 가지 의문점을 제기하지 않을 수 없다. 미제스는 사회주의가 실현가능한 사회·경제조직 체제가 아니라고 주장했다. 그럼에도 불구하고 그토록 오랫동안 사회주의로 조직화된 한국의 공식 교육기관들이 존립할 수 있는 이유는 무엇인가 하는 것이다.

첫째, 이런저런 이유로 많은 자원이 공식 교육기관에 지원되어 왔기 때문이다. 여기에서 공식 교육기관이란 국공립 교육기관뿐 아니라 사립 교육기관도 포함한다. 특히 정부의 교육비 지출의 증대

---

[39] Mises(1996), pp. 679–680 인용.

는 두드러진다. 이 점은 〈표 6〉의 칼럼(E)를 보면 분명하다. 교육부 예산이 국내총생산에서 차지하는 비율이 1988년 2.57%에서 2013년에 4.00%로 크게 증가했다. 이 시기에 학생 수가 줄었다는 점을 감안하면 정부의 지원은 수치보다 더 크게 증가했음을 알 수 있다.

둘째, 한국경제 내에는 자본주의인 부분이 상당수 있고, 교육 부분도 그런 부분에서 발생된 가격을 이용할 수 있기 때문에 사회주의가 된 대부분의 교육도 오랜 기간 지속될 수 있다. 참고로 경제 전체가 사회주의 체제였던 국가도 70~80년 정도 존속되었다는 점을 상기할 필요가 있다. 그리고 10만 명 이상의 유학생들이 비록 간접적이지만 사회주의 체제인 한국 대학 교육의 낮은 경쟁력을 증명하는 것이다.

어떤 교육기관이 존립·유지되고 있다고 해서 매우 효율적이고, 비효율이 없다는 것을 의미하는 것은 아니다. 학생이 몇 명 되지 않는 낙도나 오지에 있는 국공립 초등학교가 적절한 예다. 비효율이 있지만 명시적으로 보여주거나 계산할 수 없는 경우도 많다. 사설학원에서 공부하고 학교에서는 공부 시간에 자고 있는 학생을 생각할 수 있다. 학교 폭력도 또 하나의 예가 될 수 있다.

간섭주의

간섭주의란 자산의 소유권은 민간이 보유하고 있지만 그 사용과 이용에 대해 국가나 공공단체의 통제나 간섭이 있는 제도를 말한다. 오늘날 자본주의 국가라 일컬어지는 곳에서도 간섭주의는 인간의 경제행위에 광범위하게 영향을 미치고 있다. 가격규제, 수량규제, 각종 보조금 등이 모두 간섭주의의 일종이다. 정부가 기업이나 개인의 생산 활동에 간섭, 정확히는 '제품통제product control'를 행하게 되면 우리는 그것을 독점이라고 정의한다. 독점은 각종 폐해를 만들어낸다.[40] 그리고 간섭주의가 중첩되면 사회주의와 거의 유사한 결과를 초래한다는 점에서 간섭주의의 극단과 사회주의는 큰 차이가 없다. 그리고 하나의 간섭주의 제도도 오랜 기간 지속되면 그 폐해가 작지 않다.

한국 교육에서 간섭주의의 예를 나열해본다. 사립 대학교와 사립 전문대학의 등록금 규제, 자율형 사립고의 등록금 규제, 사설학원의 수강료 규제, 각종 사립학교의 등록금 규제, 앞에서 나열한 각종 교육 기관에 대한 수량 규제, 각종 보조금 등이다. 최근에는 대학 반값 등록금과 대학 학자금 저리융자가 가격 규제의 좋은 예다.

자본주의에서는 가격이 가장 중요하다. 가격이 얼마나 중요한 역할을 하는가 하는 점은 앞에서 설명하였다. 바로 그 이유로 간섭주의에서도 가장 영향력이 큰 것은 '가격 규제'다. 그리고 가격 규제를 제대로 집행하기 위해서는 다른 규제, 예를 들어 수량 규제 등이 가격 규제를 보조해야 규제의 목적을 달성할 수 있다. 교육기관으로서는 대학이 가장 높은 학교급이기 때문에 대학의 등록금 규제가 가져오는 결과를 여기에서 개략적으로 설명하고자 한다.[41]

가격 규제는 일반적으로 '가격고정price fixing'의 형태로 나타난다. 가격고정이란 정부가 민간의 거래에 개입하여 재화의 가격을 고정하는 것을 말한다. 가격고정은 가격의 위치에 따라 '최대가격 maximum price'과 '최소가격minimum price'으로 구분한다. 최대가격은 자

---

40 독점의 폐해에 대한 자세한 설명은 Rothbard(1993) 참조.
41 가격 규제를 포함한 규제가 교육에 미친 영향에 대한 자세한 분석은 전용덕(2013)을 참조.

유시장가격보다 낮은 가격에서 고정된 가격을 말하고 최소가격은 자유시장가격보다 높은 가격에서 고정된 가격을 말한다. 교육에서는 대부분이 최대가격이다.[42] 최대가격이 미치는 영향은 학교급별로 다소 차이가 있다. 여기에서는 가장 영향력이 큰 것으로 여겨지는 대학 등록금에 가해진 최대가격의 영향을 분석하고자 한다.

대학 등록금은 적어도 '형식적으로는' 대학이 자유롭게 결정할 수 있다. 그러나 실질적으로는 대학이 대학 등록금을 자유롭게 결정할 수 없다. 정부는 크게 두 가지 이유로 대학 등록금의 인상을 강력히 억제해왔다. 첫째, 학부모의 대학 등록금 부담을 줄여주기 위한 것이다. 최근에 등록금의 절대 액수가 커지면서 학생과 학부모가 등록금 인상에 대해 강하게 반발해왔기 때문이다. 둘째, 정부는 물가관리 차원에서도 등록금 인상을 강력히 억제해왔다.

대학 등록금, 즉 최대가격이 자유시장가격보다 얼마나 낮은가는 각 대학마다 다르다. 국공립대학, 유명 사립대학 등의 순서로 최대가격이 자유시장가격보다 낮고, 순위가 낮은 지방 사립대학으로 갈수록 두 가격 간의 차이는 크지 않은 것으로 보인다. 즉 개별 학교 기준으로는 규제의 정도가 다르다는 것이다. 대학 평균적으로는 규제가격이 자유시장가격보다 낮다. 그러나 현실에서 자유시장가격과 규제가격의 차이를 정확하게 알 방법은 없다. 정부가 가격을 일단 규제하기 시작하면 자유시장가격을 목격하거나 관찰할 수 없기 때문이다. 이 차이는 이론의 눈으로 직관을 통해 추정할 수 있을 뿐이다.

자유시장가격에서는 교육의 수요와 공급이 일치한다. 일시적인

---

42 최소가격의 대표적인 예는 쌀 가격이다.

경우를 제외하면 말이다. 그러나 최대가격은 수요를 더 크게 하고 공급을 더 작게 한다. 자유시장가격일 때의 수요와 공급에 비교하여 그렇다는 것이다. 최대가격에서는 수요가 공급보다 크고 그 차이를 초과수요라고 한다. 정부의 규제가 없는 경우에 초과수요는 수요와 공급이 일치할 때까지 가격을 밀어 올린다. 그러나 정부는 최대가격을 유지하기 위해서 정원 규제와 같은 수량 규제를 집행한다. 다른 말로 하면, 최대가격과 수량 규제는 대학에 입학하고자 하는 학생의 수에 비해 입학 정원을 작게 만듦으로써 대학입학을 어렵게 한다. 특히 서울에 거주하는 학생 수에 비해 서울 소재 대학의 정원은 턱없이 작다. 이러한 입학의 어려움은 특히 규모가 큰 국공립대학과 유명 사립대학일수록 가중된다.

최대가격과 수량 규제는 대학의 관문을 좁게 만들었고, 그 결과 여러 가지 부작용을 낳고 있다. 대학의 수요에 비해 공급이 턱없이 모자라기 때문에 한때 재수생의 수는 약 30만 명(1996년)까지 늘어났다가 최근에 약 15만 명(2011년) 수준으로 줄어들었다. 질 높은 대학교육을 위해서 일부 학생은 유학을 떠난다. 외국 대학 학위 취득을 위한 총 유학생은 2013년 약 14만 명, 어학연수 약 8만 명 등이고, 초등학교부터 고등학교까지 조기유학을 가는 학생 수는 2013년 한 해 동안 약 1만 2,000명이었다.[43]

가격 규제로 대학 입학의 관문이 좁아진다는 것, 특히 유명 대학 입학이 더 어렵다는 점은 학생과 학부모로 하여금 공식 교육기관에 입시교육을 교육의 중심으로 할 것을 요구하게 할 뿐 아니라 입시

---

[43] 이 수는 2006년에 약 2만 9,000명이었다가 그 이후 계속 줄어들어왔다. 조기유학생 수는 전체 규모를 알 수 없다.

교육을 전문으로 하는 과외, 사설학원 등을 찾게 만든다. 이제 학생과 학부모의 교육비 지출은 중복되고, 그러다보니 쓸데없이 많아졌다. 최대가격과 수량 규제가 지속될수록 입시교육을 시작하는 연령이 점차 낮아지게 된다. 학생과 학부모가 과외, 사설학원 등에 의존할수록 공식 교육기관의 교육은 점점 더 황폐화된다. 그리고 대학을 입학하기 위한 준비를 시작하는 시점이 낮아질수록 상당수 학생은 교육에 흥미를 잃게 되고 폭력을 휘두르는 등의 문제 학생이 될 가능성이 커진다.

유학생과 유학생 가족은 순탄한 과정을 거쳐서 교육을 마무리하는가? 조기유학인 경우에 학생 가족은 두 가구 이상으로 나누어지기 때문에 상당수는 이산가족이 된다. 그렇게 해서 생기게 된 것이 '기러기 아빠', '기러기 엄마'다. 유학생이 유학을 마칠 때까지 유학생을 포함한 유학생 가족은 많은 어려움을 겪는다. 그 어려움에는 재정적인 문제, 정신적인 고통, 문화적 충격 등이 있다. 과거 보도되었던 기러기 아빠의 죽음은 이런 어려움을 보여주는 한 사례다.

정부가 아무리 낮게 가격을 규제하고, 그에 따라 정원을 규제하는 경우라도 대학은 수요자의 요구를 전적으로 무시할 수 없다. 이제 불필요하게 많은 학생이 진학하게 되고, 그 결과 사회에서는 충분한 일자리가 없다. 학생들은 이제 취업을 위하여 재학기간을 늘리거나 자격증 등을 따기 위해 상당한 비용을 지불하지 않을 수 없다. 물론 이러한 비용은 불필요한 것이다. 자유시장가격일 때와 비교하여 그렇다는 것이다.

시간적으로 보면, 대학에서의 등록금을 포함한 규제가격은 자유시장가격보다 낮아져왔기 때문에 자유시장가격과 규제가격의 차이는 더 커졌다. 그렇지만 대학에 가해진 명시적 또는 묵시적 규제가격과 자유시장가격의 차이는 초·중·고등학교에 비하면 평균적으로 작다고 여겨진다. 여기에는 여러 가지 이유가 있지만 두 가지만 살펴보자. 첫째, 대학교와 비교하여 초등학교로 갈수록 의무교육을 강조하여 정부가 등록금을 매우 강하게 규제하기 때문이다. 둘째, 국공립학교에 비하여 사립학교에 그나마 등록금 규제를 덜 하고 있기 때문이다. 그런데 초·중·고등학교에 비하면 대학교 차원에서는 국공립대학보다 사립대학이 많다.

가격 규제와 관련하여 2001년 역사적 에피소드를 보기로 한다. 2001년 3월초에 당시 재정경제부는 대학 등록금 인상 가이드라인을 제시했고, 이에 따라 대학들은 등록금 인상폭을 재조정했다.[44] 당초 서울대는 등록금을 9.8% 인상할 것을 결의하고 그런 결정을 관철시키겠다는 방침이었다. 그러나 정부의 가이드라인에 따라 최종적으로는 수업료와 입학금은 5%, 기성회비는 5.4% 인상키로 했다. 당시 정부는 경기침체에 따른 학부모들의 교육비 부담을 감안, 기성회비를 포함한 등록금 인상분을 5% 이내로 조정하라고 각 대학에 지침을 내렸다. 각 대학들은 이에 따라 학생들이 이미 납부한 등록금에서 조정된 액수만큼 환불해줄 방침을 밝혔다.

앞의 에피소드는 등록금 결정에서 대학들이 정부와 갈등을 빚다가 최종적으로는 정부의 등록금 가이드라인을 따르는 모습을 보여주고 있다. 이 에피소드는 대학의 등록금 자율화가 사실상 유명무실하다는 점을 보여주는 예라고 하겠다. 여기에 최근 정부는 저소

---

44 중앙일보 2001년 3월 7일자.

득층 자녀, 각종 특기생 등에게 장학금을 전액 지불한다든지, 묵시적 가격 규제라 할 수 있는 등록금 10%의 장학금 지급 의무 조항 등을 실행함으로써 대학 등록금을 규제가격보다 더 낮게 만들어왔다. 또한 학생들은 비싼 대학 등록금에 저항하여 등록금 인상을 사실상 견제하고 있을 뿐 아니라 최근에는 정부도 물가 안정을 이유로 명시적으로 또는 묵시적으로 대학 등록금의 인상을 규제하고 있다.

　최근의 에피소드를 살펴보자. 2011년 이명박 정부는 물가안정을 이유로 국공립대학의 등록금 인상을 동결하고 사립대학의 등록금을 인상률에 대해 3% 이내로 제한하며 자발적 인상 억제를 요구했다. 그리고 보도에 의하면 170여 개의 사립대학이 자의반 타의반으로 등록금 인상 동결을 결의하였다. 등록금을 3% 이내에서 인상한 대학들조차 학부모와 학생으로부터 많은 비난을 들어야 했다. 이명박 정부는 시작부터 대학들에 등록금 인상 자제를 주문했다. 당시 교육부 장관은 '반값 등록금' 정책을 제안했다가 그만두었다. 2011년 4월에는 당시 여당인 한나라당이 '보금자리 기숙사'를 추진한다고 밝혔다.[45] 보금자리 기숙사란 정부 등의 지원으로 현재의 기숙사보다 비용이 매우 저렴하게 학생에게 제공되는 기숙사를 말한다. 보금자리 기숙사의 특징은 정부 등이 학생이 부담하는 기숙사 비용의 상당 부분을 보조한다는 것이다. 이명박 정부는 이자율을 시장에서 결정되는 것보다 낮게 책정하여 학자금을 빌려주는 정책도 실행했다. 이자율을 낮게 책정하여 학자금을 빌려주는 것은 사실상 등록금을 인하하는 것이다. 이런 종류의 일은 비단 이명박 정부에

---

[45] 조선일보, 2011년 4월 18일자.

서만 일어나고 있는 것이 아니다. 등록금 자율화 이후에 거의 언제나 일어났던 일이다. 교육부는 2011년 1학기부터 어려운 가정 형편에도 우수한 성적을 거둔 대학생들을 지원하기 위해 저소득층 성적우수 장학금을 신설하기로 했다.[46] 학생 일인당 연간 최소 500만 원에서 최대 1,000만 원까지 지원할 것이라고 한다. 경쟁력이 약한 지방국립대학생에게는 정부가 등록금의 일부를 지원하거나 교과서 대금을 지원하고 있다. 시간이 지날수록 대학 교육 서비스의 가격을 직접적으로 할인해주는 식의 지원 결과, 규제가격이 평균적으로 더 낮아지는 정부 지원이 증가해왔다.

한국 교육에 가장 필요한 제도는 자본주의

앞에서 설명한 세 종류의 제도 중 가장 최선은 물론 자본주의다. 그럼에도 불구하고 한국 교육에서 자본주의는 과외, 사설학원, 해외 유학 등에 부분적으로 남아 있을 뿐이다. 한국 교육기관, 특히 공식 교육기관은 거의 대부분이 사회주의다. 민간이 설립하고 운영하는 일부 공식 교육기관은 간섭주의가 중복·추가되어 있는 실정이다. 그리고 간섭주의가 실시된 역사가 오래된 교육기관 역시 사실상 사회주의라고 할 수 있다. 사회주의 또는 간섭주의에 대한 연구의 어려움은 그 폐해를 관찰하기가 어렵다는 점이다. 그리고 관찰된 폐해마저도 그 인과관계를 입증하는 것은 더욱 어렵다. 그럼에도 불구하고 장기에서는 그 폐해가 누구나 관찰할 수 있도록 드러나는 경우도 있고, 경제이론으로 그 폐해를 인지할 수도 있다.

---

46 경향신문, 2011년 1월 18일자.

철학적 관점과
방법론적 관점에서 본 원인

평등주의[47]

한국 교육의 지향점은 평등주의다. 평등주의가 실현된 정책들을 나열해본다. 국공립학교의 설립과 운영(초·중·고·대), 교과 과정에 대한 통제(초·중·고·대), 교사 순환근무제(초·중·고), 무상교육(초·중, 초등의 경우에 무상급식과 무상교재 포함), 저소득층 학비 지원(고·대), 학생 강제 배정(중·고), 3불 정책(대), 입학 시 특정 계층에 각종 특혜와 지원 정책(초·중·고·대), 학비 통제(고·대), 사립학교 지배구조에 대한 통제(초·중·고·대) 등이다. 상기 정책들 중에서 일부는 국공립학교뿐 아니라 사립학교에도 해당되고 일부는 국공립학교에만 해당된다. 그리고 여기에서 3불不 정책이란 대학이 '고교등급제', '기여입학', '본고사' 등을 실시하는 것을 교육 당국이 금지하는 것을 말한다. 최근에는 고교평준화 정책을

---

47 이 부분은 안재욱 외(2011)에서 필자가 집필한 내용을 발췌·수정한 것이다.

근간으로 하면서 수월성 정책에 의거하여 자율형 사립고 등이 도입되었지만 교육 정책의 중심이 평등주의를 지향하고 있다는 것은 부인할 수 없다.

직관적으로 볼 때, 시간이 지나면서 한국 교육계에는 평등주의가 확대되어 왔다는 것이 진실일 것이다. 2010년 자율형 사립고의 설립 허용과 같은 반反평등주의 또는 자유주의가 없었던 것은 아니지만 말이다. 예를 들어, 과거에는 초등학교의 경우에도 학교 운영비의 대부분을 학생과 학부모가 지불했다. 현재 초등학교는 완전 무료에서 급식비용과 교재비용까지 정부가 지원하고 있다. 중학교의 학교 운영비는 2010~2013년에 전액 무료가 되었다. 고등학교도 일반고의 경우 정부의 지원이 점차 증가하고 있다. 사실상 무료가 되는 날이 머지않아 보인다. 대학교도 국가장학금의 규모가 증가하고 있고, 정부의 대학교에 대한 지원이 대폭 증가하여 교육 수요자는 대학교 운영비 또는 생산비의 작은 부분만 내고 있다.

평등주의 이념이 가장 넓게 그리고 잘 구현된 정책이 '고교평준화' 정책이다.[48] 고교평준화 정책은 1974년에 서울과 부산에서 처음 실시되었다. 이후 평준화 정책 실시 지역이 전체적으로는 증가해왔다. 비록 일부 지역에서는 평준화 정책을 해제하거나 재적용하는 등의 변천을 겪지만 말이다. 그리고 최근에는 자율형 사립고, 혁신학교 등의 도입으로 평준화 정책에도 부분적이지만 변화가 도입되고 있다.

프랑스, 독일 등과 같은 나라는 우리나라보다 더 많은 평등 지향적 교육 정책을 실시하고 있다. 우리나라를 포함한 많은 나라

---

[48] 평준화 정책을 비판적으로 다룬 문헌으로는 김정래(2009), 배호순(2011) 등이 있다.

의 교육 부문에 유독 평등주의적 정책이 많은 것은 무엇 때문일까? Goldwin(1977)은 공공재 이론이 그토록 인기 있는 한 가지 이유를 설명했는데 그 설명을 교육 부문에 응용해볼 수 있다. 일부 경제학자와 다수 정치가들은 소득의 평등적 분배를 이상향으로 주장한다. 그들은 교육을 포함한 몇 가지 주요 재화 또는 서비스를 국가가 제공함으로써 평등적 소득 분배라는 이상을 달성할 수 있다고 주장한다. 즉 교육을 공공재로 제공하는 정책이 소득 분배를 평등하게 할 수 있다는 것이다.

Goldwin(1977)의 설명을 교육에 응용하면 교육이 공공재가 된 것은 평등주의적 소득 분배를 실현하기 위한 훌륭한 수단이기 때문이라는 것이다. 여기에 정치가들과 관료들은 교육과 직접적인 관련이 없는 것, 예를 들어, 급식을 무상으로 하는 방법 등으로 교육에 평등주의 정책을 추가해왔다. 이것이 의미하는 바는 과거에는 교육과 직접적인 관련이 있는 정책에서 평등주의를 지향했으나, 최근에는 그 범위가 넓어지면서 교육과 직접적인 관련이 없는 정책에서도 평등주의를 지향하고 있다는 것이다.

교육 부문에 있어서 평등주의는 어떤 결과를 초래해왔는가? 첫째, 평등주의는 자유와 권리를 침해한다. 고교평준화 정책은 평등주의가 극단화된 형태다. 학군 중심으로 학생을 강제 배정하는 것은 학교로부터는 학생선발권을 박탈하는 것이고, 학생으로부터는 학교선택권을 빼앗는 것이다.[49] 학생선발권과 학교선택권의 박탈은 학교, 학생의 자유와 권리를 침해하는 것이다. 그리고 자유와 권리를 침해

---

[49] 김정래(2009)도 학생의 학교선택권이 학생의 천부적 권리라는 주장을 하고 있다. 자세한 내용은 김정래(2009), pp. 174-178 참조

하는 것은 우리 사회의 기본 원리이자 이념인 자유민주주의를 부정하는 것이다. 자유와 권리를 침해당한 개인이나 학교는 어떤 방법으로든지 그런 침해를 회피하고자 한다. '위장전입'과 같은 것이 주어진 여건에서 침해된 자유와 권리를 회복하고자 하는 시도의 일종이다. 특목고와 같이 학교 선택이 가능한 경우에 입학 경쟁률이 높아지는 것은 두 가지 선택권이 통제되고 있기 때문이다.

둘째, 사회주의 또는 공산주의의 다른 이름인 평등주의는 효율성 측면에서 문제를 일으킨다. 사회주의 또는 공산주의는 경쟁을 억제함으로써 학력의 하향평준화라는 부작용 또는 폐해를 초래할 것이란 걸 예측할 수 있다. 여기에서 하향평준화는 평균이 낮아지고 학생들 간 또는 학교들 간의 학력 격차가 커지는 것을 의미한다. 비유하자면 평등주의를 지향한 사회주의 국가에서 국민소득 평균이 낮아지고 국민들 간 소득 격차가 커지게 되는 것처럼 교육에서도 유사한 결과가 나타날 것이다. 학교선택과 학생선택을 허용하면 개인 간의 경쟁과 학교 간의 경쟁이 암묵적 차원에서 명시적 차원으로 바뀌게 된다. 그리고 경쟁의 차원을 전환함으로써 교육성과를 높일 수 있다. 언제나 그렇게 되는 것은 아니지만 말이다. 한마디로, 평등주

---

50 평등주의에 의한 학력의 하향평준화를 현실에서 증명하는 것은 가능한 일인가? 김태종 외(2004)는 고교 비평준화 지역 학생들의 학력이 고교평준화 지역 학생들의 학력보다 평균적으로 높게 나타난다는 실증분석 결과를 제시하고 있다. 한 마디로 고교평준화 정책이 학력의 하향평준화를 초래할 것이라는 이론적 예측이 증명된다는 것이다. 그러나 강영혜 외(2006)는 고교평준화가 평균적으로 학력을 끌어올린다는 실증분석 결과를 제시하고 있다. 강영혜 외(2006)는 김태종 외(2004)와는 전혀 반대되는 결과를 제시하고 있는 것이다. 두 실증분석 모두가 매우 정밀하지만 여러 가지 점에서 한계가 있음도 분명하다. 현재로서는 평준화 지역과 비평준화 지역을 구분하여 실증 분석한다는 것은 무의미한 일인 것처럼 보일 뿐 아니라 평준화 지역의 학력이 평균적으로 더 우수하다는 결과도 평준화 정책을 지지해주는 결과로 해석하기가 어렵다고 할 수 있다. 두 실증분석의 문제점에 대한 자세한 지적은 안재욱 외(2011), 140–142쪽 참조.

의가 경쟁을 억제함으로써 학력을 하향평준화할 뿐 아니라 학력 격차도 크게 만든다.[50]

셋째, 평등주의는 '공교육 붕괴'라는 말이 나올 정도로 공교육을 황폐화시키고 있다. 배호순(2011)은 교실붕괴 또는 공교육붕괴를 다음과 같이 지적하고 있다. "평준화학교에는 신뢰하고 존경할 만한 교사들이 많지 않다고 믿는 학생들이 적지 않다는 점, 교과별 수업에서는 중간 수준의 학생을 대상으로 하기 때문에 우수한 학생이나 평균 이하의 학생들은 아예 관심의 대상이 아니라고 믿고 있으며, 과반수의 학생들이 학원 수강으로 부족한 잠을 보충하거나 열심히 청강하지 않는 학생으로 분류되고 있는 점 등을 교실붕괴의 직접적인 근거로 제시하고 있다."[51] 그러나 공교육이 붕괴하더라도 현실에서 학부모와 학생은 공교육을 완전히 외면 또는 포기할 수는 없다. 공교육에서 제공하는 학점을 포함한 졸업장이 상급 학교 진학에 필수적이기 때문이다. 공교육을 포기하고 검정고시 등의 방법으로 상급 학교에 진학하는 경우는 있지만 극히 예외적인 것이다. 공교육을 완전히 포기할 수는 없지만 자신의 목적을 달성하기 위해 사교육이 효율적인 수단임을 아주 잘 알고 있는 학부모와 학생은 주어진 여건 하에서 최적화를 하지 않을 수 없다.

넷째, 앞에서 지적한 학력의 하향평준화라는 부작용 또는 폐해는 과외와 같은 '공식 학교교육의 대체재 또는 보완재'를 구매하도록 강요한다. 과외, 사설학원 등과 같은 비공식 교육은 지식의 전수라는 점에 국한한다면 공식 교육보다는 효율적이다. 적어도 평균적

---

51 배호순(2011), p. 84에서 인용.

으로 그렇다는 것이다. 예를 들어, 울산은 평준화 지역으로 전환한 2000년에 사설학원의 수가 299개에서, 2002년 383개, 2004년 608개, 2008년 1,057개로 증가했다.[52] 이 자료는 평준화 지역이 되면서 학부모들이 공식 학교교육에 만족할 수 없기 때문에 비공식 교육에 대한 수요가 증가한다는 것을 보여주는 증거가 될 수 있다. 또 다른 증거로는 특수목적 고등학교(이하 '특목고'고 지칭)에 진학한 이후에는 사교육에 대한 수요가 크게 줄어든다는 점을 들 수 있다.[53] 그러므로 공식 교육을 통해 충분한 경쟁력을 갖출 수 없다고 생각하는 학생들은 과외, 사설학원 등과 같은 비공식 교육을 찾게 된다. 그 결과 비공식 교육시장은 비정상적으로 커졌다.[54]

다섯째, 교육의 평등주의는 조기유학을 포함한 해외 유학과 교육 이민을 비정상적으로 증가하게 만들고 있다. 평등주의는 우수한 학교의 설립을 억제하기 때문에 우수한 학교가 제공하는 교육 서비스를 받고자 하는 학생과 학부모를 우수한 학교가 있는 외국으로 내몰게 된다. 소득이 높아지면 품질이 좋은 교육 서비스를 받고자 하는 욕구는 더 커지게 된다. 우리나라의 해외 유학생은 대학생의 경우만 거의 10만 명에 이르고 있다. 이 수치는 어학연수 목적이나 대학원 진학을 위하여 유학하는 경우를 제외한 것이다. 현재 교육을 목적으로 떠난 이민자 수를 알 수 있는 방법은 없지만 그 수가 적지 않을 것으로 여겨진다.

---

52 배호순(2011), p. 84에서 인용.

53 배호순(2011), p. 57 참조.

54 교육이 아무리 자유화되어도 비공식 교육시장은 존재할 것이다. 그러나 현재와 같이 기형적으로 커지지는 않을 것이라는 주장이다.

여섯째, 평등주의는 학생을 획일적으로 다룸으로써 여러 가지 부작용을 초래한다. 사실은 학교교육을 포함한 모든 종류의 교육은 개인적인 것이고, 그 개인은 모두 다양하기 때문에 교육은 다양성을 전제해야 한다. 그러나 평등주의는 학생의 실력이나 요구를 모두 획일적으로 취급함으로써 다양성을 무시한다. 예를 들어, 초·중·고에서 학생의 학교선택권과 학교의 학생선발권을 없앤 것은 사람들 요구의 다양성을 무시하고 학생들을 동등하고 평등하게 다루겠다는 의도다. 이러한 평등주의는 '위장전입'과 같은 범법자를 만들어내고 있을 뿐 아니라 그런 전입으로 학교 주변의 집값이나 부동산 가격의 비정상적인 상승을 초래하고 있다.

일곱째, 평등주의는 역차별을 가져올 수 있다. 본고사 금지와 고교등급제 금지는 대입 제도에서 평등주의를 실현하는 정책이다. 이 경우에 고등학교 간의 실력 차이를 인정하지 않으면 우수한 고등학교의 학생이 역차별을 받게 된다. 이 점은 본고사에 대해서도 적용할 수 있다. 본고사를 통해 자신의 실력을 입증할 수 있는 학생이 변별력 없는 수능 성적 때문에 자신보다 실력이 열위인 학생이 입시에서 거의 비슷한 대우와 평가를 받는다면 분명 우수한 학생을 역차별하는 것이다.

여덟째, 평등주의는 교사나 교수에게도 적용되어 왔다. 교사나 교수의 연공서열제가 평등주의의 주요한 예다. 연공서열제 하에서 교사나 교수는 학생을 잘 가르치고 규율할 인센티브가 약하다. 성과급제에 비하면 평균적으로 그렇다는 것이다. 교수의 경우에는 연구에 대한 인센티브도 약할 수밖에 없다. 이러한 이유로 학교 교실은 붕괴하고 교육 산업은 잘 발달하지 못하고 있다. 물론 학교 교실

붕괴의 모든 책임이 교사에게만 있는 것은 아니다. 그러나 비록 부분적이지만 교실붕괴의 책임은 교사에게 있고 교사를 미온적으로 만드는 것은 교사나 교수에 대한 평등주의 때문이다. 그리고 교사의 순환근무제도 교사의 책임의식을 약화시키는 평등주의적 정책이다.

아홉째, 평등주의는 많은 경우에 소득재분배를 초래한다. 예를 들어 성과의 차이가 있음에도 연공서열제에 따라 연봉을 지불하는 경우 성과가 높은 사람으로부터 성과가 낮은 사람에게로 소득이 재분배된다. 소득이 일정하여 동일한 액수의 세금을 내는 두 사람이 있다고 가정하자. 무상급식과 같은 평등주의 정책은 학생이 없는 부모에게서 학생이 있는 부모에게로 무상급식비만큼 소득이 재분배되고 있는 것이다. 물론 평등주의가 언제나 소득재분배를 초래하는 것은 아니다. 그러므로 정책에 따라 그 결과가 다른 만큼 세밀한 검토가 필요하다.

열째, 평등주의의 부작용이 누적되면서 교육 당국은 새로운 규제를 추가하는 방법으로 문제를 해결하고자 함으로써 비효율을 누적시키고 있다. 예를 들어, 평등주의로 인한 공교육의 부실을 EBS 설립과 강화, 공식 학교교육 강화 같은 방법으로 해결하고자 하는 것을 볼 수 있다. 그러나 이런 방법은 투입 비용에 비하면 그 효과가 작을 것이다. 그리고 공식 학교교육을 강화한다면서 EBS와 같은 비공식 교육을 강화하는 것은 상호 모순적이다. 교육에 만연한 평등주의는 다른 부작용도 초래한다. 예를 들어, 대학 차원에서의 평등주의는 대학 입시 위주의 교육과 대학 진학자의 급증과 그로 인한 대졸 실업자의 양산 같은 문제점도 초래하고 있다. 물론 규제의 누적은 평등주의에만 나타나는 현상은 아니다.

열한 번째, 평등주의는 인성교육에도 실패하고 있는 것처럼 보인다. 평등주의에 의해 강제 배정된 일부 학생은 도저히 학교교육에 흥미를 느낄 수 없다. 학교교육 수준이 너무 높아서 따라갈 수 없는 일부 학생들은 폭력적으로 변하고 다른 학생을 괴롭히게 된다. 인성교육이 실패하게 되는 것이다. 만약 교육 수준이 유사한 학생을 모아두게 되더라도 폭력적인 학생이 생길 수 있지만 지금처럼 많지는 않을 것이라 짐작할 수 있다.

요약하면, 인간은 모두 개별적이고 다양한데 평등주의는 인간의 그런 본질과 정면으로 배치된다. 교육에서 평등주의는 다른 부문에서의 평등주의와 비교하여 더 나쁜 것이다. 교육에 깊이 뿌리 내린 평등주의를 혁파하는 것이 철학적 관점에서 가장 시급한 대책이다. 그리고 평등주의를 혁파한 자리에는 자유주의가 들어가야 한다.

방법론적 관점

제1장에서 지적했듯이 교육의 상당 부분이 경제행위임에도 불구하고 대부분의 교육전문가들과 일부 경제학자들은 그 점을 부인한다. 그 결과 교육과 관련된 정책이나 제도는 교육전문가들이나 정치가들에 의해 만들어진다. 바로 그 이유로, 그런 정책이나 제도가 좋은 결과를 만들어내기는 어렵다. 언제나 그런 것은 아니지만 말이다.

경제행위, 더 넓게 인간행위는 인과관계를 가진다. 이때의 인과관계는 자연세계에서의 인과관계가 아니다. 인간은 목적을 성취하기 위해 행동한다. 그 점에서 인간이 추구하는 목적과 목적을 추구하기 위한 행동은 원인과 결과의 관계라고 하겠다. 경제행위 또는 인간행위는 인과관계를 가지기 때문에 우리는 그 인과관계와 관련된 법칙을 발견할 수 있다. 경제행위와 관련된 인과관계를 경제법칙 또는 경제이론이라고 부른다.

교육이 경제행위임을 부인하는 교육전문가들이나 정치가들은 궁극적으로 경제법칙 또는 경제이론을 부인하고 있다. 그러나 교육에 대한 경제법칙 또는 경제이론의 적용을 부인하는 것은 최선의 교육 정책이나 제도를 입안하는 일에 있어서 실패할 확률이 높다는 것을 의미한다. 그 결과는 물론 자원 낭비, 범법 행위와 일탈 행위, 불만족, 각종 혼란으로 이어지고 그런 문제를 해결하기 위하여 불필요한 교육 정책이나 제도가 다시 추가된다. 한 마디로, 교육 정책 또는 제도와 부작용이 악순환을 하는 것이다. 그런데 경제이론 또는 경제법칙마저도 좋은 것이 있고 그렇지 못한 것이 있다.[55] 그러므로 교육 정책이나 제도를 만들고자 할 때는 좋은 경제법칙 또는 경제이론을 참고하여야 할 것이다.

방법론적 관점에서 두 번째 오류는 교육 정책 입안가는 경제행위라는 관점에서 원인과 결과를 분석하지 않고, 대증요법만을 처방하는 경우가 많다는 것이다. 물론 그 결과 문제의 일부는 해결하지만 다른 문제가 추가된다. 예를 들어, 학교폭력을 해결하기 위하여 학교에 상주하는 경찰의 수를 늘리는 것이다. 이 경우에 학교폭력은 조금 줄일 수 있을지 모르겠지만 학교 운영비용이 증가한다. 경우에 따라서는 사회 전체적으로는 문제가 더 커질 수도 있다. 사태를

---

55 이 점에 대한 자세한 내용은 전용덕(2014) 참조.

더 어렵게 만드는 것은, 문제가 누적되면 그 문제의 원인을 찾기가 더 어려워진다는 점이다.

문제를 해결하고자 한다면 문제의 원인을 알아야 하는 것도 중요하지만 문제의 중요성, 문제 해결의 순서 등도 중요할 때가 있다. 문제 해결의 순서를 바꾸는 경우에는 문제가 더 악화되는 경우도 있을 수 있다. 비록 그 문제에 대한 해결책이 올바른 것임에도 불구하고 말이다. 이것은 대증요법으로 문제를 해결하고자 하는 경우에 자주 발생한다.

교육과 관련한 모든 문제의 근원에는 자유의 부족과 자본주의가 아닌 사회주의, 간섭주의가 있다고 앞에서 지적했다. 그러므로 문제 해결을 위해 가장 먼저 해야 할 일은 모든 경제주체에게 자유를 최대한 주는 것과 사회주의와 간섭주의를 버리고 자본주의를 도입하는 것이다. 이런 경우에 일시적인 혼란이 있을 수 있다. 그러나 그것은 일시적인 것이다. 그 혼란을 넘어서면 교육에 참가하는 모든 주체들은 예전에 비해 크게 만족할 것이다. 그런 단계를 넘어섰음에도 모든 주체들이 스스로 문제를 해결할 수 없는 경우가 있을 수 있다. 그 경우에만 정부가 최소한 범위 내에서 개입을 하면 될 것이다. 그러나 진정으로 자유를 주고 자본주의를 도입하면 그런 일은 거의 일어나지 않을 것이다.

예를 들어, 대학의 등록금과 정원을 대학이 스스로 결정하도록 하면 대학 수요와 공급은 조만간 일치하게 될 것이다. 이 경우에 한국의 대학은 수년 이내에 국제 경쟁력을 갖추게 될 것이기 때문에 유학생도 없어질 것이고 재수생도 사라질 것이다. 그와 동시에, 고등학교와 그 이하의 학교를 차례로 자유화하도록 하는 것이다. 이

때 만약 스스로 충분한 자원을 보유하지 않은 학생과 학부모가 있다면, 그래서 국공립학교가 필요하다면 그 학생들과 학부모들을 위해 국공립학교를 운영하면 될 것이다. 이러한 상황이 되면 정부가 교육비에 지출하는 금액은 크게 감소할 것이고, 대학과 그보다 낮은 수준의 학교는 매우 다양할 것이며, 비공식 교육은 거의 사라질 것이다. 학생과 학부모의 요구는 그것이 무엇이든 공식 교육기관인 학교 내에서 해결될 것이다. 이와 함께, 학교폭력, 체벌, 뇌물 등도 모두 사라지게 될 것이다. 학생과 교사, 모두가 자신의 공부와 일에 집중할 것이기 때문이다. 지금과 같이 대학에 자율을 주지 않아 대학 진학이 매우 어려운 상황에서, 공식교육의 부실만을 염려하여 정부가 공식교육에 자원을 투입한다면 공식교육은 조금 개선할 수 있을지 모른다. 그러나 막대한 자원을 투입해야 할 뿐 아니라 우리 사회에 있는 많은 문제점과 병폐는 그대로이거나 더 악화될 수 있다.

한 마디로, 공교육을 개선하기 위하여 많은 자원을 투입하는 현재의 정책은 본말이 전도된 것이다. 정상적이고도 효율적인 과정은 다수의 교육기관에게 자율권을 주어 스스로 존립하게 하고 그 이후에 약간의 자원으로 공식교육을 지원하는 방법이 교육 시스템을 친시장적으로 만들면서 교육에 소비되는 자원을 최대한 절약하는 방법이다.

4

교육 외적 원인

　여기에서는 교육 외적 요인이 교육에 미치는 영향을 검토하기로 한다. 한국 학부모와 학생의 교육에 대한 열의는 세계에서 유례를 찾기가 쉽지 않다. 이스라엘 학부모와 학생의 교육에 대한 열의만이 한국 학부모의 교육 열의와 비교할만하다. 인구를 감안한 해외 유학생 수는 한국이 단연 으뜸이다. 여기에는 어린 자녀를 위하여 부모가 떨어져서 사는 경우도 상당수 내포되어 있다. 학령기에 있는 자녀의 유학을 위해 부모가 떨어져 사는 경우는 부모의 높은 교육열이 없다면 가능하지 않는 일이다. 물론 해외 유학은 국내 교육 산업의 경쟁력이 낮기 때문에 발생하는 점도 가세하고 있는 것은 사실이다. 그러나 교육 산업 경쟁력이 낮은 나라의 모든 학부모가 해외 유학을 선택하지는 않는다는 점에서 한국 학부모의 교육에 대한 열의는 특별하다고 아니할 수 없다.

　한국 학부모의 교육에 대한 열의가 남다른 점은 '군사부일체'라는 말에서도 알 수 있다. 스승을 아버지와 같은 반열에 놓고 있다는 점은 사회 구성원이 교육을 그만큼 중요하게 평가하고 있음을 보여주는 단적인 예라고 하겠다. 물론 오늘날 교육 현장은 군사부일체라는 말이 무색할 정도로 교육자의 위상과 교권이 추락하고 있는 것처럼 보인다. 그러나 군사부일체라는 말은 적어도 산업화 시점부터 20세기 말까지 교직자를 존중하는 태도, 더 나아가 한국 학부모의 교육 열의를 설명하는 언어로서 부족함이 없다고 여겨진다.

역사적으로 보면, 조선 왕조의 구성 원리 가운데 중요한 하나의 축은 '사농공상'이었다. 양반으로서 한문 교육을 받고 각종 고시에 합격하면 왕조의 지배 계급에 속하게 되었다. 서당을 중심으로 한 한문 교육에 대한 대가는 이렇듯 높았다. 일반적으로 말하면 교육에 대한 대가가 다른 어떤 것보다도 높았다고 할 수 있다. 그리고 왕조 후반에는 양반인 지배 계급의 수탈이 일상화되었기 때문에 국가의 생산성은 매우 낮았고 이에 피지배 계급인 '농공상'은 자신을 방어하기 위해서라도 교육의 필요성을 절감했을 것이다.[56]

일제 강점기는 좀 특별한 시기였다. 1919년 3·1운동 이전에는 식민통치에 대한 반감으로 당시 부모들이 아이들을 공립 보통학교(요즘의 초등학교)에 보내지 않는 경우가 많았다고 한다.[57] 그러나 3·1운동 이후에는 그런 인식이 바뀌었다. 체제에 순응해 남부럽지 않게 살기를 원하든, 독립운동에 가담하여 독립투사로 살아가든 '배워야 한다'는 생각이 지배하면서 아이를 학교에 보내는 부모들이 크게 증

---

56 비숍은 자신의 조선 왕조 여행기에서 왕조 후반기 지배 계급의 수탈상에 대해 자세히 적고 있다. 이사벨라 버드 비숍, 『한국과 그 이웃 나라들』 참조.

57 조선일보, 2011년 4월 18일자.

가했다.[58] 학교교육은 어떠했는가? 일제 강점기는 근대식 학교교육이 처음 시작되었던 시기였다. 그러나 당시의 학교교육은 한계가 있었다. 높아가는 교육열에 비한다면 일제의 학교 증설은 거북이 걸음이었다. 그 결과, 학교 입학은 경쟁률이 낮게는 2대 1에서 높게는 수십 대 일이었다. 당시 학교는 어쩔 수 없이 간단한 시험을 쳐서 학생을 선발했다고 한다. 그만큼 학생에 비한다면 학교가 턱없이 부족했다는 것이다. 이에 따라 당시 동포들이 자신들의 힘으로 학교를 세우자는 운동이 들불처럼 일어났다.

이렇듯 한국인의 교육에 대한 열의는 긴 시간 동안에 형성된 것이다. 1960년대 산업화가 시작되면서 고급 인력에 대한 사회의 수요는 이전과 비교할 수 없을 정도로 폭발적으로 증가했다. 즉 산업화는 교육에 대한 인센티브를 크게 높였다. 산업화 이전 시기에는 양반 계급을 제외하면 교육에 대한 열의가 다소 막연했다면, 산업화는 실무적 차원의 전문 지식에 대한 수요를 크게 증가시켰다. 그리고 그런 사회의 요구에 사람들은 크게 반응했다. 교육에 대한 막연한 열의가 사회의 요구와 맞아 떨어지게 된 것이다.

21세기에 노동 공급자들은 이제 글로벌 경쟁 환경에 놓이게 되었다. 정보·통신의 발달, 시장의 개방, 다수의 이주 노동자 등은 한국 노동 시장을 예전보다 더 경쟁적으로 만들고 있을 뿐 아니라 국내 노동자들은 전 세계 노동자들과 경쟁해야 하는 어려운 환경에 직면하게 되었다. 게다가 한국을 포함한 대부분의 나라에서 청년 실업이 늘어나고 있음도 무시할 수 없는 현실이다. 그런 열악한 환경에

---

58 도산 안창호는 학교교육의 중요성을 강조하고 근대식 학교교육의 대중화를 통해 일제로부터 독립할 수 있는 내적인 힘을 마련해야 한다고 강조했던 대표적인 인물 중의 한 사람이다.

직면한 예비 노동자들은 예전보다 질적으로 높은 수준의 교육과 다양한 교육을 요구하고 있다. 그리고 이와 같이 급변하는 현실에 직면하여 한국 학부모와 학생은 능동적으로 문제를 해결하기 위하여 노력하고 있고, 그런 태도와 행위의 저변에는 한국 학부모와 학생의 교육에 대한 강렬한 열의가 놓여있다.

우리나라는 학부모, 학생의 교육에 대한 열의가 높은 것에 비해 교육의 공급은 정부에 의해 언제나 통제되고 간섭되었다. 한국 교육의 경쟁력이 낮고, 소비자의 만족도가 낮은 것은 정부의 규제와 간섭 때문이다. 그리고 교육 정책과 제도를 만드는 정부로서는 수요를 억제하기보다는 그 수요를 잘 충족시킬 수 있도록 공급 측면에 자유와 유연함을 주는 것이 최선이라고 여겨진다.

공식 교육기관인 학교의 교육을 사회가 어떻게 이용하느냐 하는 문제도 학교교육과 관련이 있다. 대학을 나왔느냐, 대학을 나왔다면 어느 대학을 나왔느냐 하는 사실이 취업, 결혼 등에서 중요한 역할을 한다. 그가 자기 전공 분야에서 얼마나 실력을 갖추었느냐 하는 점보다 중요한 것은 그가 어느 대학을 졸업하였느냐 하는 것이다. 학교교육을 이렇게 이용하는 것은 학교교육을 선별장치screening device로 이용하는 것을 의미한다. 학교교육을 단순히 선별장치로 이용하는 경우에는 학교교육에 대한 수요가 불필요하게 늘어날 수밖에 없다. 학교교육을 선별장치로 이용하지 않을 경우와 비교하면 그렇다는 것이다. 이 점은 결코 바람직한 것이 아니다. 그러나 단기간에 어떤 해결책을 제시할 수 있는 것은 아니다. 이 점은 장기적인 연구와 분석이 필요하다.

1990년대 후반에는 기업 등에서 영어를 선별장치로 이용하는 경향이 강해지면서 영어교육에 대한 수요가 폭증하고 있는 실정이다. 영어를 선별장치로 이용한다는 것은 영어 점수가 높거나 영어구사 능력이 뛰어난 학생이 개인적인 능력도 우수하다고 보는 선별 방법을 말한다. 여기에서 영어교육은 공식 학교교육도 있고 사설학원, 과외 등도 있다. 그런 추세에 부응하여 일부 대학은 학생들에게 토익과 같은 공식영어시험 점수를 요구하고 있다.

높은 교육열은 결코 나쁜 것이 아니다. 그럼에도 불구하고 정부는 교육 수요를 억제하는 정책이나 제도를 시행해왔다. 비록 반대의 경우도 없었던 것은 아니지만 말이다. 그리고 교육 수요를 억제하는 과정에서 많은 문제와 폐해가 발생해왔다. 어떤 재화나 서비스에 대한 수요가 나쁜 것이 아니라면 정부가 그 수요를 통제하는 것은 잘못된 것이다. 일반적으로 교육열이 높다는 것은 오히려 좋은 것이다. 그러므로 정부가 통제하는 정책이나 제도는 혁파하는 것이 바람직할 것이다. 그러나 사회가 학교교육이나 영어교육을 '과도하게' 선별장치로 이용하는 것은 결코 바람직하지 못하다. 이 점에 대해서는 심도있는 연구와 그에 상응하는 대책이 필요하다.

제 5 장

한국 교육의
쟁점과 대책

1

대학의 재산권과 자율

한국 교육계는 많은 문제 또는 폐해를 안고 있다. 이 장에서는 제3장에서 분석한 문제 또는 폐해를 가급적 제외하고 현재 중요하다고 생각되는 문제 또는 폐해를 다루고자 한다. 왜냐하면 한국 교육이 안고 있는 문제 또는 폐해가 너무 많기 때문이다. 우선 대학의 재산권과 자율성에 대해 생각해보자.

〈그림 2〉에 의하면 한국 대학에서 사립의 비중은 2014년 전문대학의 경우는 90% 이상이고, 4년제 대학의 경우는 80% 내외다. 이말은 대학에서 사립의 비중이 대부분을 차지함을 의미한다. 그럼에도 불구하고 '간섭주의'에서 보았듯이 사립대학은 정부의 엄격한 통제와 간섭에 시달리고 있는 것이 현실이다. 국공립대학은 사회주의다. 그 결과 국공립대학은 사립대학보다 구조적으로 정부의 더 많은 통제와 간섭 아래에 있다. 여기에서는 먼저 대학의 재산권과 자율을 침해하는 각종 규제를 묶어서 다루고자 한다.

대학의 재산권과 자율에 부정적인 영향을 미치는 요인들은 너무 많아서 모두 나열하는 것은 쉽지 않다. 여기에서는 중요한 것만 나열하면 다음과 같다. '고교등급제' 금지, '본고사' 금지, '기여입학' 금지라는 3불不 정책, 입학사정관제, 정원외입학제, 정부의 각종 학자금 지원, 정원 규제, 강제적인 대학구조 조정, 대학 설립 허가제, 국립의 대학수학능력 평가기관, 국공립대학의 법인화, 영리법인대학의 금지 등이 그것이다. 앞에서 나열한 것은 국공립대학 또는 사립대학을 통제 또는 간섭하는 정부의 각종 규제다. 이것들은 물론 폐지하는 것이 최선이다.

사립대학의 지배구조에 대해서는 제3장에서 따로 다루었기 때문에 더 이상 분석할 필요는 없을 것이다. 여기에서는 국공립대학 문제를 다루고자 한다. 제2장에서 교육은 공공재가 아니라 사적 재화임을 증명했다. 만약 우리가 교육의 공공성을 억지로라도 인정한다면 낮은 학교급에 해당하지 높은 학교급에서는 아닐 거다. 예를 들면, 만약 교육의 공공성이 있다면 대학교보다는 초등학교일 것이다. 그러므로 대학교 수준에서는 국공립대학이 존재해야 할 이유가 전혀 없다. 그리고 앞에서 지적했듯이 사립대학도 정부가 간섭해야 할 이유가 없다. 그러므로 국공립대학에 대한 최선은 국공립대학을 민영화하는 것이다.

그러나 국공립대학의 민영화가 쉽지 않다면 국공립대학을 법인화하는 것도 한 가지 방법이다. 여기에서 법인화란 공기업으로 전환하는 것으로 비유할 수 있다. 민간이 경영하는 사기업에 비하면 공기업은 많은 문제를 가지고 있다. 이와 마찬가지로 국공립대학의 법인화에 의해 설립되는 대학도 공기업과 유사한 문제를 가지게 될 것이다. 이 점을 염두에 두고 국공립대학의 법인화를 검토한다.

국공립대학의 법인화란 국공립대학을 초기에 정부로부터 이양된 재산과 자신의 능력을 토대로 스스로 생존할 수 있는 기관으로 제도화하는 것을 말한다. 물론 그렇게 하기 위해서는 법인이 자유롭게 영리 활동을 할 수 있도록 하는 것도 중요하다. 영리 활동을 할 수 없는 상태에서 법인을 운영하도록 하는 것은 정부의 재정 지원에 의존할 수밖에 없게 만들고, 그런 재정 의존은 궁극적으로는 법인의 존립을 불가능하게 만들거나 법인화된 대학을 현재의 국공립대학과 큰 차이가 없게 만들 것이기 때문이다.

현재 일부 대학은 법인화를 위한 긴 과정의 초입에 들어섰다. 여기에서는 법인화를 반대하는 주장을 검토하고자 한다.[59] 첫째, 국공립대학을 법인화하는 것은 정부가 공교육을 포기하는 것이기 때문에 법인화를 받아들일 수 없다는 주장이 있다. 교육이 공공재가 아니라는 것은 제2장에서 자세히 분석하였다. 그 점에서 법인화가 공교육을 포기하는 것이기 때문에 반대한다는 주장은 근거가 없다. 그리고 정부가 국공립대학을 설립하고 운영하는 것은 교육 산업 또는 시장을 통제하기 위한 목적 때문이다. 물론 다른 이유로 정부가 국공립대학을 통제할 수도 있다. 정부가 국공립대학을 통제하는 목적이 무엇이든, 국공립대학은 정부가 교육 산업을 통제하기 위한 중요한 수단이다. 그러므로 국공립대학을 법인화하는 것은 그런 통제를 폐지하고 교육 산업의 참가자들에게 자유, 권리 등을 돌려주는 것, 즉 재산권의 행사를 완전히 보장하는 것이고 물론 그에 따라

---

59 여기에서 제시하는 법인화 반대의 주요 내용은 김영용, "궤변의 포로 된 대학법인화", 한국경제신문, 2006년 10월 25일자 일부 참조.

책임도 함께 지도록 하는 것이다. 물론 이 방법은 국공립대학을 완전 민영화하는 방법보다는 열등하다는 사실을 부인할 수 없다.

둘째, 국공립대학의 법인화가 기초학문을 고사하게 만들 것이라는 주장이 있다. 그러나 현재도 많은 사립대학이 기초학문을 잘 가르치고 있다는 것이 정확한 지적일 것이다. 그 점에서 법인화 이후에 기초 학문이 고사할 것이라는 주장은 터무니없는 것처럼 보인다. 법인화 이후에 법인화된 국공립대학이 기초학문을 가르치고 인재를 양성하는 데 얼마나 많은 노력을 기울일 것인가를 예상하는 일은 쉽지 않다. 법인화 이후에 어느 정도의 구조조정이 있을 수밖에 없기 때문이다. 그렇게 되면 사립대학의 기초학문에 대한 관심과 인재 양성도 영향을 받을 것이다. 법인화 이후에 전체 대학의 기초학문에 대한 교육과 지원이 어느 정도 변화를 거친다하더라도 전체 국민의 수요를 반영하는 것이기 때문에 문제는 전혀 없다. 그 점에서 국공립대학의 법인화가 기초학문을 고사하게 만들 것이라는 주장은 법인화를 반대하기 위한 논리일 뿐이다.

셋째, 국공립대학의 법인화가 등록금 인상을 초래하고 등록금 인상은 이제 저소득층 자녀의 교육기회 박탈로 이어질 것이기 때문에 법인화를 반대한다는 주장이 있다. 그러나 자유시장에서 결정되는 등록금보다 낮게 규제된 등록금이 초래하는 부작용에 대해서는 어떻게 할 것인가? 규제가격이 초래하는 부작용에 대해서는 제4장에서 자세히 검토하였다. 양지가 있으면 음지가 있듯이 자유시장가격보다 낮은 등록금은 많은 폐해를 불러온다. 그리고 현재 사립대학이 우수 학생을 유치하기 위하여 많은 노력과 지원을 하고 있음을 알아야 한다. 다시 말하면, 사립대학이 우수한 학생을 유치하기 위하여 훌륭한 장학 제도를 만들어왔음을 유념할 필요가 있는 것이다.

국공립대학의 법인화는 수학 능력이 우수하면서 저소득층 자녀인 학생에게 돌아가는 혜택이 줄어들도록 만들지는 않을 것이다. 사립대학처럼 법인화된 국공립대학도 우수 학생을 유치해야 할 것이기 때문이다. 법인화로 인하여 등록금이 인상되면 수학능력이 우수하지만 소득이 적절히 높거나 부유층의 자녀에게 돌아가는 혜택을 줄어들게 만들 수도 있을 것이다. 그러나 이것은 전혀 문제가 되지 않는다. 부모의 재정 능력에 아무런 문제가 없는 학생에게 규제라는 이름으로 재정적 지원을 할 필요는 없다. 그러므로 국공립대학의 법인화는 가격 규제의 부작용을 적절히 피하면서 저소득층의 우수한 자녀에게는 장학금 혜택이 돌아가는 제도로서 문제가 없다고 하겠다.

국공립대학의 법인화를 반대하는 주장이 그 논거가 취약하다는 것을 알 수 있다. 그렇다면 국공립대학의 법인화를 반대하는 진정한 이유는 무엇인가? 국공립대학의 법인화를 반대하는 집단은 주로 교수, 직원 등이고 일부 학생이 여기에 가담하고 있다. 교수, 직원 등이 법인화를 반대하는 이유는 법인화하면 공무원 신분이 지닌 특권이 없어지기 때문이다. 그런데 국공립대학의 모든 종사자는 소위 '철밥통'이라 일컬어지는 공무원 신분이고 법인화를 하게 되면 모두가 그런 지위를 잃게 된다. 주로 교수, 직원 등이 법인화를 반대하는 바로 그 행동이 현재의 국공립대학이라는 제도 자체가 비효율적임을 증명한다고 하겠다. 비록 간접적이지만 말이다. 그러므로 국공립대학의 법인화 반대를 무마하기 위하여 교직원의 생존권을 보장하는 것은 법인화를 추진하는 기본 정신에 위배되는 것이다. 그리고 바로 그 점 때문에 생존권 보장이 법인화된 대학의 교육 경쟁력을 훼손한다는 것을 지적하지 않을 수 없다.

국공립대학 법인화 반대를 무마하기 위하여 법인화 이후에도 재정지원을 한다거나, 기초학문 분야 프로그램을 확대하도록 지원한다거나, 등록금 인상을 지도한다거나 하는 계획이나 주장은 법인화 정책을 무효화시키는 것이다. 법인화 정책을 무효화시키는 어떤 주장이나 계획도 잘못된 것임을 지적하지 않을 수 없다.

한 마디로, 국공립대학의 법인화가 해당 국공립대학의 자율과 책무를 높임으로써 교육 경쟁력을 끌어올릴 것임을 예상할 수 있다. 국공립대학의 법인화는 정부가 교육 산업 또는 시장을 통제할 수 있는 수단을 제거하는 정책이라는 점에서 법인화가 교육 산업 또는 시장 전체를 어느 정도 자유롭게 만들 것이고 그만큼 사립대학의 경쟁력도 향상시키게 될 것이다. 다시 말하면, 국공립대학의 법인화는 교육 산업 또는 교육시장 전체의 교육 경쟁력을 끌어올리는 정책이라고 결론지을 수 있다. 국공립대학 법인화가 가져올 긍정적인 효과는 아무리 강조해도 지나치지 않다. 다만 국공립대학의 법인화는 민영화로 가는 중간 단계임을 잊지 말아야 한다는 점을 강조한다.

2

무상급식

'무상급식'이란 초·중·고등학생의 점심식사 비용 전액을 지방자치단체를 포함한 정부가 부담하는 정책을 말한다. 최근 좌파 성향의 교육감이 대거 당선되면서 무상급식을 실시하는 학교가 증가하고 있는 실정이다. 그 결과 급식예산에서 학부모의 부담비율은 감소하고 있다.

먼저 무상급식과 관련한 현황을 파악해본다. 첫째, 〈표 7〉는 연도별 총급식비용과 총급식비용에서 학부모가 부담하는 비율을 보여준다. 2006년 이후에 총급식비용은 폭발적으로 증가하고 있지만, 학부모 부담 비율은 지속적으로 감소하고 있다. 특히 급식비의 학부모 부담율이 2011년 이후에는 빠르게 감소하고 있다. 그 결과 2013년 총급식비용에서 학부모의 부담 비율은 약 31.5%이다. 2006년에 이 비율은 75.4%였다. 즉 7년 만에 총급식비용에서 학부모의 부담 비율이 약 43.9%포인트나 감소했음을 알 수 있다.

| 표 7 | 연도별 총급식비용과 학부모 부담률

단위: 억 원, %

	총급식비용	학부모 부담율
2006년	34,577	75.4
2007년	41,973	71.7
2008년	43,751	67.0
2009년	48,040	62.8
2010년	48,631	60.8
2011년	49,373	48.3
2012년	53,025	36.8
2013년	56,502	31.5

자료: 교육부, "2013년도 학교급식 실시 현황", 2013.

둘째, 〈그림 6〉은 2014년 학교수준별 무상급식 현황을 보여준다. 2014년 3월 기준 초·중·고등학교 전체 학교 수 11,483개에서 8,351개가 무상급식을 실시하여 무상급식을 실시하는 학교가 전체 학교 수에서 차지하는 비중은 약 72.7%다. 같은 시점에 학교 수 기준으로 무상급식을 실시하는 초등학교가 전체 초등학교의 94.1%, 중학교 76.3%, 고등학교 13.3%다. 초등학교는 사실상 모든 학교가 무상급식을 실시하고 있는 셈이다.

표에는 나와 있지 않지만 지난 4년 동안 무상급식이 급속도로 증가한 곳은 초등학교와 중학교다. 그리고 지역적으로는 부산, 대구, 인천, 대전, 울산, 경북 등에서 무상급식 실시가 저조하고 다른 지역은 평균 이상을 보이고 있다. 특히 2014년 3월 기준 무상급식을 실시하는 학교가 전체 학교에서 차지하는 비중이 대구는 19.3%, 전남은 94.5%로 큰 대조를 보였다. 대구에서는 모든 학교급에서 무상급식의 실시가 저조하고, 전남에서는 초·중학교 모두가 무상급식을 실시하고 고등학교는 일부만 무상급식을 실시하지 않고 있다.

무상급식은 경제주체, 경제의 다른 부문 등에 어떤 영향을 미칠 것인가? 첫째, 고교 무상교육, 무상보육(누리과정) 등의 실행 또는 계획으로 사실상 교육 예산이 증가하더라도 무상급식에 소요되는 예산을 증액해야 한다면 다른 부문으로 가는 교육 예산이 줄어들 것은 분명하다. 예를 들어, 노후 시설 개·보수와 같은 교육환경에 대한 투자를 감소하게 만들어 교육환경 개선을 어렵게 하는 것이다.

실제로 서울시 교육청의 예산 지출 내역을 보면 무상급식, 무상보육 등을 포함하는 교육사업비는 2012년에 약 1조 1,280억 원에서 2014년에 약 1조 5,348억 원으로 증가했다.[60] 교육사업비가 서울시 교육청 예산 지출에서 차지하는 비중은 2012년 15.9%에서 2014년 20.6%로 증가했다. 반대로, 학교시설의 개·보수와 관련된 시설사

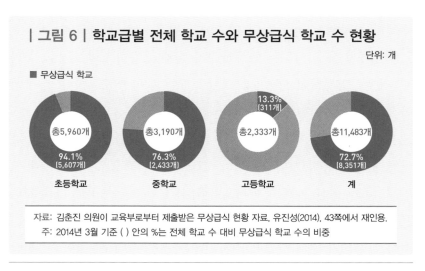

| 그림 6 | 학교급별 전체 학교 수와 무상급식 학교 수 현황

단위: 개

■ 무상급식 학교

초등학교: 총5,960개 / 94.1% [5,607개]

중학교: 총3,190개 / 76.3% [2,433개]

고등학교: 총2,333개 / 13.3% [311개]

계: 총11,483개 / 72.7% [8,351개]

자료: 김춘진 의원이 교육부로부터 제출받은 무상급식 현황 자료, 유진성(2014), 43쪽에서 재인용.
주: 2014년 3월 기준 ( ) 안의 %는 전체 학교 수 대비 무상급식 학교 수의 비중

---

60 이하의 수치는 서울시 교육청, 세입세출 예산개요, 각 연도.

업비는 2012년 약 5,427억 원에서 2014년 약 2,674억 원으로 감소했다. 그 결과 시설사업비가 서울시 교육청 예산 지출에서 차지하는 비중은 2012년 7.6%에서 2014년 3.6%로 감소했다. 시설사업비가 2년 만에 절반 이하로 감소한 것이다.

서울시 교육청의 교육사업비를 분석해보면, 무상급식과 무상보육(누리과정)에 지출한 비용이 2012년 약 3,450억 원에서 2014년 약 8,103억 원으로 크게 증가했지만, 저소득층지원 비용[61]은 2012년 약 1,697억 원에서 2014년 약 1,344억 원으로 감소했다. 무상급식, 무상교육 등에 대한 지출이 증가하면서 저소득층에 대한 지원이 줄어든 것이다.

둘째, 다른 요인이 일정하다고 가정하면, 무상급식을 확대하는 것은 장기적으로는 세금의 증가를 초래할 것이다. 세입이 일정할 때 지출이 증가하면 궁극적으로는 지출 증가분이 증세로 이어질 수밖에 없기 때문이다. 그리고 세금의 증대는 그만큼 국민의 재산을 침해하는 것이다. 실제로 지방 교육청의 무상보육(누리과정) 예산이 충분하지 않자 정부가 지방채 발행 한도를 2014년 1조 8,000억 원에서 2015년 4조 9,000억 원으로 늘려주었다. 장래에 무상급식 예산의 증대는 세금의 증가 또는 지방 채무 증대를 초래할 것이라 예상할 수 있다.

셋째, 무상급식으로 인한 세금의 증대는 경제 내의 다른 부문 또는 산업에서 그 증대분 만큼 자원을 줄어들게 한다. 즉 무상급식으로 인한 세금의 증대는 경제 내의 다른 부문 또는 산업에서 자원의

---

61 저소득층지원이란 저소득층 학비지원, 저소득층 급식비지원(학기, 토·공휴일), 저소득층자녀 방과 후 자유수강권지원, 정보화지원 등을 포함한다.

사용에 대한 대가가 상승하게 된다는 것이다. 그리고 그런 증가는 그만큼 그 부문 또는 산업을 비효율적으로 만든다는 것을 의미한다. 세금의 증대로 다른 부문 또는 산업의 경쟁력을 약화시키는 것이다.

넷째, 예산이 충분하지 않음에도 불구하고 무상급식을 확대하게 되면 무상급식의 질이 떨어지게 된다. 급식의 질이 떨어지면 급식에 대한 학생의 만족도가 하락할 수밖에 없다. 실제로 학생들이 급식으로 나온 음식을 버리고 학교 내 매점에서 점심을 구매하는 경우도 발생하고 있다. 무상급식으로 자원이 낭비된다는 걸 보여주는 사례다. 더불어 음식쓰레기의 양도 늘어난다.

다섯째, 무상급식은 소득재분배를 초래한다. 자녀가 없는 부모, 한 자녀를 둔 부모, 두 자녀를 둔 부모, 세 자녀를 둔 부모 등, 자녀의 수에 따라 무상급식은 소득을 재분배하게 만든다. 자녀가 없는 부모가 자녀를 둔 부모를 지원하는 것은 온당치 못하다.

무상급식 제도를 폐지하고 각자가 자신의 몫을 전적으로 책임지는 '유료급식' 제도를 실시해야 한다. 여기에서 유료급식이란 학생 각자의 점심값은 각자가 지불한다는 것을 의미한다. 그리고 무상급식 제도를 폐지함으로써 발생하는 잉여 예산이 있다면 다른 곳에 사용하거나 국민에게 부과되는 세금을 줄이도록 해야 할 것이다.

체벌 금지[62,63]

2010년 무렵 체벌에 대한 존폐를 두고 우리 사회는 격렬한 토론을 벌였다. 이후 일부 지방 교육청은 체벌을 금지하는 학생인권조례를 제정했다. 일부 지방 교육청의 학생인권조례 제정에 대응하여 교육부는 초·중등교육법 시행령을 개정했다. 초등교육법 시행령 제31조8항(2011년 3월 18일 개정)에서 "교장은 학생을 지도할 때 학칙으로 정하는 바에 따라 훈육·훈계 등의 방법으로 하되, 도구나 신체 등을 이용해 학생의 신체에 고통을 가하는 방법을 사용해서는 안 된다"고 규정하고 있다. 교육부의 이 규정으로 체벌과 관련한 모든

---

62 교사의 폭력은 교육을 목적으로 한 폭력과 비교육적 목적으로 하는 폭력으로 구분할 수 있다. 전자를 우리는 흔히 '체벌'이라고 한다. 교사의 폭력에 대한 자세한 내용은 안재욱 외(2011), 334–337쪽 참조.

63 성폭력도 폭력의 일종이라는 점에서 여기에서 다루어야 하지만 성폭력 관련 법이 따로 있기 때문에 제외한다. 학생 상호간 폭력도 폭력의 일종이지만 교사와 학생 간의 문제가 아니기 때문에 여기에서는 제외한다. 다만 따돌림도 엄격히 금지되어야 한다는 점은 강조할 필요는 있다.

것이 해결되었다고 할 수 있는가?

첫째, 시행령은 도구나 신체 등을 이용한 직접체벌을 금지하고 있지만 오리걸음, 팔굽혀펴기 등 간접체벌에 대해서는 '명시적으로' 규정하지 않고 있다. 교육부가 간접체벌을 허용할 의도로 그렇게 규정을 제정한 것인가는 알 수 없지만, 시행령은 간접체벌을 할 수 있는 여지를 남겨두었다고 하겠다. 문제는 간접체벌도 경우에 따라서는 학생에게 작지 않은 피해를 입힌다는 점이다. 2014년 심한 얼차려로 근육이 손상될 정도의 피해를 입은 서울 강서구 고교생 사례가 이를 잘 보여준다. 그러므로 직접체벌뿐 아니라 간접체벌도 금지하는 것이 옳다.

체벌의 허용 여부는 사실 어떤 원리를 기초로 법과 규칙을 제정할 것인가 하는 비교적 까다롭고 어려운 문제와 관련이 있다. 라스바드Rothbard는 '자연법적 접근법natural law approach'을 기초로 인간의 자유와 권리를 재산권으로 해석하는 법학 또는 도덕과학을 완성했다.[64] 여기에서는 그가 제안한 법체계를 받아들여 체벌의 허용 여부를 검토한다.[65]

---

[64] 법과 규칙을 제정하는 원리는 크게 세 가지다. 첫째, 공리주의(Utilitarianism)적 접근법이다. 이것은 개인의 효용을 비교하여 법과 규칙을 제정하는 원리다. 그러나 인간의 효용은 비교할 수 없기 때문에 공리주의적 접근법은 법과 규칙을 제정하는 원리로서 부적절하다. 둘째, 전통이나 관습에 의하여 법과 규칙을 제정하는 것이다. 그러나 이 방법은 같은 사안에 대하여 다른 원칙이나 법규를 제안할 수 있다. 시대 정신 또는 가치관 등이 바뀌었다는 이유로 법과 규칙을 다르게 제정할 수 있기 때문이다. 이 접근법의 문제점은 그런 접근법이 과학적이라고 할 수 없다는 것이다. 셋째, 인간의 권리는 자연권(natural rights)에 기초한다는 원리에 의거하여 법과 규칙을 제정하는 접근법이다. 이것이 자연법적 접근법이다. 여기에서는 이 접근법을 채택한다. 자연법적 접근법에 대한 자세한 설명은 Rothbard, Murray N., *The Ethics of Liberty*, The Mises Institute, 2012를 참조.

[65] 체벌을 포함한 교육 관련 정책에 대한 자세한 설명은 전용덕, "교육관련정책: 우파와 좌파의 다른 점", CFE Report, No. 135, 2010. 8. 26 참조.

라스바드가 제안한 법체계는 어떤 행동을 허용할 것인가 또는 금지할 것인가를 결정하는 것은 그 행위가 다른 사람의 재산을 침해하는가에 달려있다는 것을 보여준다. 체벌이 학생의 재산에 침해를 가하는가를 검토해보자.[66] 체벌이 교육적 목적을 위한 것이고, 단점보다는 장점이 클 수 있다는 점을 인정하더라도 체벌은 분명 학생의 재산에 침해를 가한다. 왜냐하면 학생의 몸은 학생 자신의 재산이기 때문이다. 학교와 교사는 학생의 재산에 침해를 가하지 말아야 한다. 한 학생이 다른 학생의 학용품을 훔친다면 우리는 그런 행동을 용납하지 않는다. 절도 행위가 피해 학생의 재산을 침해하는 것이기 때문이다. 체벌도 학생의 재산에 침해를 가한다는 점에서 절도 행위와 본질에서 다르지 않다. 그러므로 체벌은 허용되어서는 안 될 뿐 아니라 그것이 폭력 행위라는 점에서 기존의 법률로도 체벌 행위를 처리할 수 있다.[67] 여기에서 체벌이 직접체벌인가 또는 간접체벌인가 하는 점은 중요하지 않다. 핵심은 체벌이 학생의 재산이나 신체에 어떤 침해를 가한다면 그 행위는 절대 허용되어서는 안 된다는 것이다.

둘째, 시행령은 학칙에 의해 훈육 또는 훈계할 수 있도록 하고 있다. 훈육 또는 훈계의 범위도 분명히 할 필요가 있다. 폭력적 언사를 이용한 훈육 또는 훈계는 당연히 금지되어야 한다. 언어적 폭력도 학생의 심리와 정신 상태에 영향을 미침으로써 학생의 신체에

---

[66] 이때 어떤 재산이 정당한 재산인가 하는 문제도 동시에 제기되어야 한다. 그러나 학생의 신체는 그 정당성 여부를 따질 필요가 없다. 학생의 신체는 바로 학생 자신의 정당한 재산이기 때문이다. 그러므로 여기에서 이 질문은 더 이상 검토할 필요가 없다.

[67] 체벌이 폭력 행위의 일종이라는 점을 인정하면 현재의 법률로도 체벌 행위를 처벌할 수 있다는 것을 의미한다.

영향을 주기 때문이다. 그 점에서 시행령이 훈육 또는 훈계는 무엇이라도 허용하는 것처럼 되어 있는 것은 잘못된 것이다. 훈육이나 훈계도 폭력적이지 말아야 한다는 점을 명시할 필요가 있다.

요약하면, 앞에서 검토한 두 가지 점을 포함하는 방향으로 현행 초·중등교육법 시행령은 개정되어야 한다. 즉 직접체벌, 간접체벌, 언어적 폭력 등 교사가 학생의 신체 또는 재산에 침해를 가하는 모든 행위를 금지해야 한다. 학교나 교사는 학생의 잘못된 행동에 대해서는 학생의 재산에 직접적인 침해를 가하지 않는 범위에서 그런 행동을 규제하거나 통제해야 한다.

학생의 재산에 직접적인 침해를 가하지 않는 방법으로 학생의 잘못된 행동을 규제하고 통제할 수 있는 방법은 여러 가지가 있다. 그 방법에 대한 자세한 설명 없이 일단 나열해보면 다음과 같다. 교사의 (비폭력적) 구두 경고, 교실 내에서 일정 시간 학생의 수업 배제, 교직원 감독 하에서의 일정 시간 격리, 교사 훈육(언어적 폭력 제외) 듣기, 반성문 쓰기, 교장이나 교감의 훈육(언어적 폭력 제외) 듣기, 학부모 호출과 경고, 다른 반으로 재배치, 정학, 휴학, 낙제, 퇴학, 제적 등이다. 물론 앞에서 나열한 수단들은 여러 가지를 동시에 사용할 수도 있다. 또 사안에 따라 교사와 학교가 어떤 제재 수단을 사용할 수 있는가를 자세하게 규정하여 과잉 제재에 따른 학생과 학부모의 불만을 차단해야 할 것이다. 마지막으로, 앞에서 제시한 방법만으로도 '교실붕괴', '교권추락' 등과 같은 문제를 충분히 막을 수 있을 것이다.

셋째, 체벌과 관련하여 교사와 학생의 행동을 '누가' 규제할 것인가 하는 것이다. 학생인권조례는 2010년 경기도를 시작으로, 광주(2011년), 서울(2012년), 전북(2013년)에서 제정 후 시행되고 있다. 서울 학생인권조례는 '체벌 등 모든 물리적 및 언어적 폭력을 금지'했고, 경기학생인권조례도 "학교에서 체벌은 금지한다"고 명시하고 있다. 앞에서 알 수 있듯이 몇몇 지방교육청은 각 학교를 규제하는 학생인권조례를 제정하여 시행하고 있는 것이다. 이와 반대로, 개정령은 개별 학교에서 훈육과 훈계의 방식을 결정하도록 하고 있다. 누가 옳은 것인가?

여기에서 분명히 해야 할 것은 학생의 잘못된 행동을 통제하기 위해 앞에서 제시한 각종 수단은 개별 학교 당국이 구체적인 내용을 규정해야 한다는 것이다.[68] 왜냐하면 학교라는 재산을 사용하는 규칙이나 원칙을 정하는 것은 그 학교의 소유자 또는 그 대리인인 교장 등이 권리를 가지는 것이 옳기 때문이다. 그 말은 교육부나 지방 교육청이 이러한 수단의 내용을 규제해서는 안 된다는 것이다. 그 점에서 시행령이 개별 학교에 권한을 준 것은 옳다. 그러므로 체벌에 관한 한, 지방 교육청의 학생인권조례 제정은 잘못된 것임을 알 수 있다. 왜냐하면 개별 학교를 제외한 지방 교육청 등이 학생인권조례를 통해 체벌의 금지를 규정하는 것은 그런 내용 자체가 개별 학교 소유자의 권한을 규제하는 것이기 때문이다.

체벌과 관련해서 교육부와 지방 교육청이 해결해야 할 과제가 아직도 남아 있다. 학교와 교사가 학생의 신체, 재산, 자유 등도 잘 보호하면서 교육을 잘 할 수 있는 환경을 만들 수 있도록 교육 당국이 관계 조항을 잘 다듬어야 할 필요가 있다. 그리고 지방교육청은 체벌에 관한 한 학생인권조례를 폐지해야 할 것이다.

---

68 학교 당국이 그런 권한을 가져야 하는 이유에 대해서는 전용덕(2010)을 참조.

4

자율형 사립고 폐지 논란[69]

이명박 정부는 공교육의 문제점을 보완하고 교육의 다양성과 자율성을 추구하기 위하여 2010년 '고교 다양화 300 프로젝트'라는 정책을 추진했다. 정부는 당시 고등학교를 일반고, 특목고, 특성화고, 자율고라는 네 가지 형태로 분류했다. 자율고는 다시 자율형 사립고와 자율형 국공립고로 나누는데, 폐지 논란이 되고 있는 것은 자율형 사립고다.

자율형 사립고에 대해서는 앞에서 자세히 설명했기 때문에 주요 내용만 요약하면 다음과 같다. 자율형 사립고는 교육과정, 교원 인사, 학생 선발 등 학사 운영의 자율성을 최대한 보장받는 학교다. 그리고 자율형 사립고는 정부 지원 없이 등록금과 재단 전입금으로 운영된다. 다만 정부는 자사고가 등록금을 일반고의 3배 수준까지

---

69 이 점에 대한 자세한 내용은 유진성(2014)을 참조.

만 받을 수 있도록 제한하고 있다.

〈표 1〉에서 보았듯이 자율형 사립고는 2013년 기준 49개가 있다. 그리고 그 비중은 전체 고등학교 수의 약 2.1%로 아직 미미하다고 하겠다. 고등학교 전체를 놓고 볼 때 가장 크게 증가한 것은 자율형 국공립고다. 자율형 국공립고는 2011년 58개에서 출발하여 2013년 에는 116개로서 전체 고등학교의 약 5.0%를 차지하고 있다. 자율형 국공립고가 크게 증가한 점은 국공립고도 사립고 못지않게 학교 운 영에 있어서 자율성을 필요로 한다는 점을 보여주는 것이다.

자율형 사립고를 폐지해야 한다는 논란이 일어나게 된 것은 2014 년 선거에서 좌파 교육감이 대거 당선되면서다. 일부 좌파 교육감 들이 자율형 사립고를 폐지해야 한다고 주장했기 때문이다. 여기 서 그들의 주장을 비판하기로 한다. 먼저, 자율형 사립고가 현재 공 교육 부실화의 원인이라는 주장을 살펴보자. 이 주장은 틀린 것이 다. 공교육이 부실해진 것은 최근의 일이 아니다. 전체 고등학교의 2.1% 정도 밖에 되지 않는 자율형 사립고가 이렇게 단시일에 공교 육 전체를 부실하게 만들 수는 없다.

일부 좌파 교육감들의 주장과 반대로 자율형 사립고는 공교육의 부실화를 보완해주는 학교다. 왜냐하면 자율형 사립고에서 학생과 학부모의 학교 만족도는 다른 학교에 비해 더 높은 것으로 나타났 을 뿐 아니라 교사들의 열정과 전문성에 대한 만족도도 점차 증가 하고 있는 것으로 나타났기 때문이다.[70] 학생과 학부모의 학교에 대 한 만족도가 증가한 것은 자율형 사립고가 다른 고등학교의 대체재

---

[70] 꿈나래21(2012년 9월호).

역할을 하고 있음을 보여주는 좋은 증거다.

다음으로, 자율형 사립고를 폐지해야 한다고 주장하는 사람은 자율형 사립고가 입시학원화되었고 다양성 교육을 소홀히 하였다고 주장한다. 특수 목적의 학교를 제외하면, 모든 고등학교가 학생을 좋은 대학에 진학하게 하는 것이 1차적인 목적이다. 그러므로 고학년으로 갈수록 대학입시에 교육의 중심을 둘 수밖에 없다. 그럼에도 불구하고 자율형 사립고는 학생에게 특기교육, 인성교육 등을 위한 다양한 프로그램을 제공하고 있다. 자율형 사립고가 다양성 교육을 소홀히 했다는 주장은 틀린 것이다.

자율형 사립고를 폐지해야 한다는 주장이 문제가 있음을 살펴보았다. 이제 자율형 사립고가 교육, 경제 등에 미치는 긍정적인 영향을 검토하고 개선 방안을 제안한다. 첫째, 자율형 사립고는 국가의 세금을 필요로 하지 않는다. 국가의 지원을 받는 다른 고등학교에 비하면 이것은 엄청난 강점이다. 정부는 자율형 사립고에 사용될 수 있는 세금을 다른 곳에 사용하거나 그 금액만큼 국민의 세금 부담을 줄여줄 수 있기 때문이다. 그리고 세금을 사용하지 않는다는 것은 소득재분배도 발생하지 않는다는 점을 의미한다.

둘째, 자율형 사립고는 다른 고등학교에 긍정적인 영향을 줄 것이다. 여기에서 긍정적인 영향이란 학교가 학생을 빼앗기지 않기 위해 예전보다 더 노력한다는 것이다. 이 점은 좌파 교육감들이 주장하는 바가 틀렸음을 의미한다. 자율형 사립고의 등장으로 학교 간 경쟁은 더 치열해질 것이고 그로 인하여 자율형 사립고가 아닌 고등학교는 자율형 사립고로 전환하거나, 정부의 예산 지원을 요청 —정부의 예산 지원을 이미 받고 있다면 예산 지원을 증가시켜 줄

것을 요청―하거나, 교사를 포함한 학생들 스스로 더 노력하는 방법이 있다. 일반고가 어떤 선택을 하든 일반고로 하여금 예전보다 더 경쟁력을 가지게 할 것이다.

셋째, 교육의 다양성과 자율성이라는 관점에서도 자율형 사립고는 다른 어떤 고등학교보다 우수한 교육기관이다. 교육이 다양할 필요가 있는 것은 인간의 욕구가 기본적으로 다양하기 때문이다. 그런 다양성을 추구하기 위해서는 자율성이 필수다. 그런데 자율형 사립고는 두 가지 기준에 딱 맞는 교육기관이라고 하겠다.

넷째, 자율형 사립고는 다른 어떤 고등학교보다 자본주의 또는 자유시장원리에 잘 일치하는 제도다. 등록금에 대한 규제를 제외하면 자율형 사립고는 학교 소유자의 권리를 최대한 보장하고 있다. 즉 예외를 제외하고 자율형 사립고는 자본주의 또는 자유시장원리에 가장 충실한 학교다. 자본주의 또는 자유시장원리에 가장 충실한 학교만이 학생과 학부모의 욕구를 가장 잘 충족시켜 줄 것이다.

결론적으로, 자율형 사립고는 폐지할 것이 아니라 확대되도록 하는 것이 교육에 참가하는 모든 사람에게 유익하다. 다만 자율형 사립고는 등록금을 일반고의 3배 수준까지 받을 수 있도록 규제되고 있는데 이것은 간섭주의의 일종으로 자율형 사립고의 자율성을 크게 제약하는 요인이다. 그러므로 자율형 사립고가 '명실상부한' 자율형 사립고가 되도록 하기 위해서 정부가 등록금을 규제하고 통제하는 것을 폐지할 것을 제안한다.[71]

---

[71] 2011년에 비해 2013년에 자율형 사립고의 수가 감소한 것은 등록금에 대한 규제 때문일 것으로 추정된다. 물론 이 점을 확정하기 위해서는 좀 더 시간이 필요하다.

5

혁신학교는 혁신적인가

소위 혁신학교란 이명박 정부의 '고교다양화 300 프로젝트'에 대응하여 좌파 성향의 교육감들이 공교육 정상화를 위한다는 목표로 만든 학교모델이다. 혁신학교의 수는 2009년 13개로 시작하여 2011년 157개, 2014년 530개로 크게 늘어났다.[72] 그리고 혁신학교의 수는 향후 1,700여 개까지 늘어날 것으로 예상되고 있다. 만약 이 예상이 실현되면 사실상 모든 일반학교가 혁신학교가 되는 것이다. 2014년 기준 지역별 혁신학교의 수는 경기도 230개, 전라북도 101개, 서울 67개, 전라남도 65개, 강원도 41개, 광주 26개 등이다. 혁신학교를 처음 시작한 경기도에서 혁신학교가 가장 많은 실정이다.

혁신학교의 구조적 특징을 보면 다음과 같다. 첫째, 혁신학교로 지정되면 지방 교육청이 학교당 매년 4,000만 원~1억 6,000만 원

---

[72] 전북일보, 2014년 7월 7일자.

(실제로는 1억 원)의 예산을 지원한다.[73] 둘째, 혁신학교에는 4년간 학교운영과 교육과정의 자율권이 부여된다. 셋째, 학급당 학생 수도 일반학교보다 7~8명이 적은 25명 선으로 유지되도록 한다. 넷째, 혁신학교는 평등교육을 추구하되 경쟁은 줄이고 협력과 자율성을 존중하는 것을 기본 이념으로 설정하고 있다. 이 점은 자율성과 다양성을 추구하는 자율형 사립고와 대비된다. 다섯째, 사립고를 대상으로 하는 자율형 사립고와 달리 혁신학교는 국공립학교를 대상으로 한다.

법적 근거, 지정(취소)권자 등을 제외하고, 자율형 사립고와 혁신학교의 차이를 간략히 보기로 한다. 첫째, 자율형 사립고가 사립고를 대상으로 하지만 혁신학교는 국공립고를 대상으로 한다. 둘째, 자율형 사립고는 정부의 지원이 전혀 없지만 혁신학교는 작지 않은 금액의 정부 지원이 있다. 셋째, 자율형 사립고가 자율성과 다양성을 추구하지만 혁신학교는 평등교육을 지향한다. 넷째, 자율형 사립고와 일반고 간 등록금의 차이는 3배 이내지만 자율형 사립고와 혁신학교 간 등록금 차이는 자율형 사립고와 일반고 간 등록금 차이보다 작다. 왜냐하면 정부가 혁신학교에 상당한 금액의 지원을 하기 때문이다.

일부 지방 교육청의 혁신학교 지정이 교육, 경제 등에 미치는 영향 또는 결과를 검토한다. 첫째, 혁신학교에 대한 예산 지원은 다른 부분의 교육 예산이 줄어들게 한다. 만약 교육부를 포함한 지방 교육청의 예산이 일정하다면 말이다. 만약 혁신학교를 지원하기 위하

---

73 전희경(2014), "흔들리는 교육, 어떻게 바로 잡을 것인가", 자유경제원, 11쪽 참조.

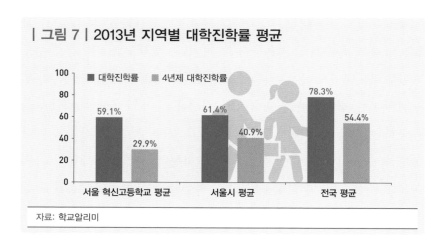

| 그림 7 | 2013년 지역별 대학진학률 평균

자료: 학교알리미

여 교육부를 포함한 지방 교육청의 예산이 세금의 증가로 이어진다면 경제의 다른 부문에서는 그만큼 자원이 부족하게 될 것이다. 이것은 가시적인 것일 수도 있고 그렇지 못한 것일 수도 있다. 이 점은 정부의 지원이 전혀 없는 자율형 사립고와 매우 대비되는 지점이고 중요한 사실이다.

둘째, 혁신학교가 예산을 낭비하거나 오·남용하는 사례가 있다. 예를 들어, 서울의 한 혁신학교는 예산 1억 6,000만 원 중 식당, 빵집, 피자집 등에서의 간식비로 3,000만 원 이상을 사용했다.[74] 서울의 다른 혁신학교는 1억 7,000만 원의 지원비 중에서 약 3,000만 원을 음료비로 썼다. 물론 이런 예산 낭비는 정부가 적절히 통제할 수 있다. 그러나 혁신학교의 수가 늘어날수록 통제는 쉽지 않다.

셋째, 혁신학교의 대학진학률은 저조한 것으로 나타나고 있다. 〈그림 7〉은 2013년 대학진학률을 보여준다. 2013년 서울지역 혁신

---

[74] 머니투데이, 2013년 10월 22일자.

고등학교의 대학진학률은 59.1%, 그중 4년제 대학진학률은 29.9%
이다. 서울시 평균은 각각 61.4%, 40.9%이며, 전국 평균은 각각
78.3%, 54.4%다.[75] 2013년 서울지역 혁신고등학교의 대학진학률과
4년제 대학진학률은 서울시 평균과 전국 평균에 크게 못 미치고 있
음을 알 수 있다. 혁신학교가 대학진학만을 목표로 하지 않을 수도
있다. 그러나 현실적으로 고등학교의 목표가 대학진학이라는 점을
염두에 둔다면 혁신학교의 저조한 대학진학률은 혁신학교가 학생
과 학부모의 요구를 외면하고 교사, 교육감 등의 이념적 신조를 실

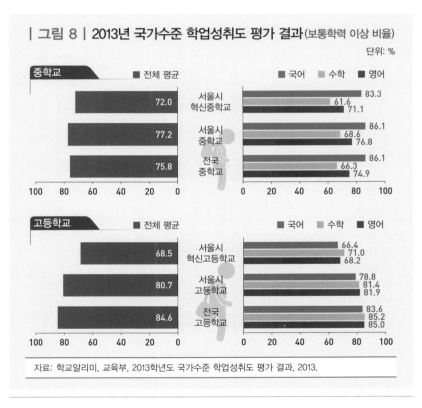

| 그림 8 | 2013년 국가수준 학업성취도 평가 결과 (보통학력 이상 비율)

자료: 학교알리미, 교육부, 2013학년도 국가수준 학업성취도 평가 결과, 2013.

75 학교알리미 참조.

험하는 장소로 전락했음을 보여준다고 할 수 있다.

넷째, 혁신학교의 학업성취도는 일반학교보다도 낮다는 사실이다. 정부의 재정지원이 있음에도 불구하고 학업성취에서 그런 결과가 나오는 것은 작은 문제가 아니다. 학업성취도를 평가하는 방법은 여러 가지다. 우선 〈그림 8〉은 2013년 국가수준 학업성취도 평가 결과에서 보통학력 이상의 비율을 국어, 영어, 수학, 전체 평균으로 구분한 것이다. 중학교만을 놓고 볼 때, 보통학력 이상의 비율이 서울시 혁신중학교는 서울시 중학교와 전국 중학교보다 국어, 영어, 수학, 전체 평균 모두에서 낮은 것으로 나타난다. 그러나 그 차이가 크다고 볼 수는 없다. 고등학교의 경우는, 보통학력 이상의 비율이 서울시 혁신고등학교가 서울시 고등학교와 전국 고등학교보다 국어, 영어, 수학, 전체 평균 모두에서 현저히 낮은 것으로 나타난다. 이것은 혁신학교의 학업성취도가 일반학교보다 낮은 것임을 보여주는 증거다. 그리고 앞에서 지적한 혁신학교의 대학진학률 저조가 혁신학교의 학업성취도가 낮음을 증명하는 간접적인 자료로 볼 수 있다.

다음으로 〈그림 9〉는 기초학력 미달 비율로 학업성취도를 평가한 결과다. 여기에서도 앞의 표와 비슷한 결과가 나타나고 있다. 중학교보다 고등학교 수준에서 혁신학교의 기초학력 미달 비율이 서울시 고등학교, 전국고등학교보다 훨씬 높게 나타나고 있는 것이다.

그러나 앞의 두 그림에 나타난 학업성취도 평가 결과가 오로지 혁신학교 때문이라고만 할 수는 없다. 학업성취에 영향을 미치는 것은 혁신학교라는 운영 체제뿐 아니라 다른 변수도 있을 수 있기 때문이다. 예를 들어 처음부터 학력수준이 낮은 학교를 혁신학교로

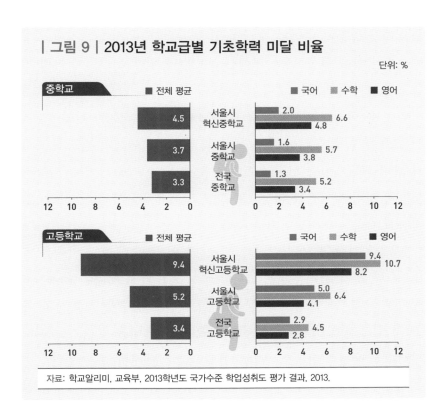

| 그림 9 | 2013년 학교급별 기초학력 미달 비율

단위: %

중학교   ■ 전체 평균   ■ 국어 ■ 수학 ■ 영어

서울시 혁신중학교: 4.5 / 국어 2.0, 수학 6.6, 영어 4.8
서울시 중학교: 3.7 / 국어 1.6, 수학 5.7, 영어 3.8
전국 중학교: 3.3 / 국어 1.3, 수학 5.2, 영어 3.4

고등학교   ■ 전체 평균   ■ 국어 ■ 수학 ■ 영어

서울시 혁신고등학교: 9.4 / 국어 9.4, 수학 10.7, 영어 8.2
서울시 고등학교: 5.2 / 국어 5.0, 수학 6.4, 영어 4.1
전국 고등학교: 3.4 / 국어 2.9, 수학 4.5, 영어 2.8

자료: 학교알리미, 교육부, 2013학년도 국가수준 학업성취도 평가 결과, 2013.

지정했을 수도 있고, 매년 새로 입학하는 학생의 수준에 따라서 학업 성취도 결과가 영향을 받을 수도 있다.

이러한 문제점을 고려하여 유진성(2014)은 2011년에 지정된 서울의 혁신고등학교를 대상으로 학교 향상도를 분석했다. 학교 향상도란 0을 기준으로 입학 당시의 성적에 비추어 더 높게 성취한 학교의 경우에 양(+)의 향상도로 표기하고, 입학 당시의 성적에 비추어 더 낮게 성취한 학교의 경우에 음(-)의 향상도로 표기하는 것이다. 서울시의 혁신고등학교의 경우 2011년에 지정된 학교는 3개교이고, 2011년에 지정되었기 때문에 혁신학교 지정 이후 학력에 미치는 교육효과가 충분히 나타날 수 있다고 생각된다. 유진성(2014)에 의하면 3개의 서울 혁신고등학교에서 2012년에 비해 2013년에 학력 향상도가 낮아지고 있는 것이 분명하다.

다섯째, 혁신학교의 경우 전교조 교사의 비율이 높아 이념편향적인 교육을 할 것이라는 우려가 있다. 혁신학교에서의 전교조 교사 가입 비율에 대한 전체적인 모습은 알 수 없다. 자료가 입수 가능한 서울과 경기 지역만을 대상으로 전교조 교사 비율을 혁신학교와 일반학교로 나누어 비교하기로 한다.

2012년 기준 경기도 혁신학교 교사들의 전교조 가입 비율은 약 14%지만 경기도 초등학교 교사들의 전교조 가입 비율은 약 6.0%, 중학교 약 7.0%, 고등학교 약 8.4%이고 전체 평균은 약 7.1%다.[76] 즉 경기도 지역 혁신학교에서의 전교조 가입 비율이 경기도 지역 전체 학교에서의 전교조 가입 비율의 약 2배인 것을 알 수 있다.

서울 지역을 보기로 한다. 2013년 기준 서울 초·중·고 교사 중 전교조 가입 교사의 비중은 약 10.7%지만 혁신학교 교사 중 전교조 가입 교사의 비중은 약 21.3%다. 2013년 초·중·고 전체를 보면 혁신학교에서 전교조 가입 교사의 비중이 전체 학교에서 전교조 교사 가입 비중 대비 거의 2배인 것임을 알 수 있다. 서울 지역에서도 경기도와 비슷한 현상이 나타나고 있음을 알 수 있다.

2013년 기준 서울 지역 10개 혁신고등학교의 전교조 가입 비율은 약 26.1%지만 서울 지역 고등학교의 전교조 가입 비율은 약 11.8%, 전국 고등학교의 전교조 가입 비율은 약 13.5%다.[77] 이것은 서울 지

---

[76] 유진성(2014), 40쪽에서 재인용. 원자료는 경기도 교육청.
[77] 유진성(2014), 39-40쪽 참조.

역 혁신고등학교에서도 서울, 경기도와 비슷한 양상임을 보여준다.

마지막으로, 앞에서 언급하지 않은 다른 문제점도 발생하고 있다. 혁신학교에서의 학력 저하를 막고 전교조 교사를 기피하기 위하여 혁신학교에 가고 싶지 않는 학생과 학부모는 거주지 주소를 다른 곳으로 옮기는 경우도 있다. 반대로, 혁신학교에 가고 싶은 학생과 학부모는 혁신학교 지역으로 거주지를 이전하면서 혁신학교 인근 아파트 값이 상승하는 문제도 발생하고 있다. 지방 정부가 혁신학교에 막대한 자원을 지원하기 때문에 혁신학교에서 제외된 일반학교는 그만큼 역차별을 받는 것이다. 이 점은 작은 문제가 아니다. 정부의 정책으로는 부적절하다고 할 수 있다.

결국 학교가 학교운영과 교육과정의 자율권을 갖는다는 점에서만 보면 혁신학교는 좋은 것이다. 그러나 정부가 학교에 예산을 지원하는 것은 좋은 것이 아니다. 학교운영과 교육과정에 자율권을 준다면 자율형 사립고처럼 학교 운영 경비도 스스로 마련하도록 하는 것이 가장 바람직하다. 그렇게 하지 않는다 하더라도 비용을 추가적으로 지원하지는 말아야 한다.

6

교육시장 개방

　외국인이 우리나라에 학교를 설립하는 것을 허용하거나 유치, 외국 학교의 분교를 국내에 설립하는 것을 허용하거나 유치해야 하는 이유는 여러 가지다. 여기에서는 각종 학교급 중 대학에 초점을 맞추어 분석하고자 한다.[78]

　첫째, 해외 투자자에 의해 설립·운영되는 외국 대학의 존재는 국내 대학의 교육 경쟁력을 끌어올릴 것이다. 외국 투자자에 의해 설립된 대학이나 해외 대학의 분교는 교육 경쟁력이 높은 대학일 가능성이 높다. 그렇지 않다면 국내 대학과 경쟁하여 생존하기 어려울 것이기 때문이다. 그런 대학이나 대학 분교의 존재는 국내 대학의 구성원인 교수, 직원, 학생에게는 엄청난 압력으로 작용할 것이다. 교수는 연구와 교육, 학생은 자신의 전공 분야에 있어서 실력 향

---

[78] 대학이 아닌 학교에도 아래의 분석이 거의 그대로 유효하기 때문에 학교급에 따른 분석은 중요하지 않다고 생각된다.

상, 직원은 각종 행정 서비스와 대학의 효율적인 운영에 있어서 상당한 진전을 이룰 것이다. 그 결과 외국인에 의해 설립된 대학이나 해외 대학 분교의 존재는 국내 대학의 교육 경쟁력을 끌어올릴 것이 예상된다. 물론 그 정도는 해외 대학 분교의 수, 해외 대학 분교에 부여된 자율의 정도 등에 달려있을 것이다.

둘째, 국내에 외국인 투자자가 대학을 설립하거나 외국 대학의 분교가 생기면 해외 유학생 수는 감소될 것이다. 제4장에는 우리나라의 2013년 해외 유학생 수가 표시되어 있다. 같은 대학이라면 국내에 소재하는 외국 대학이나 외국 대학의 분교에서 공부하는 것이 해외 소재 대학에서 유학하는 것보다 여러 가지 점에서 유리하다. 먼저 외국 대학으로 가는 항공비용 같은 직접비용을 절약할 수 있다. 정확하게는 외국 대학으로 가는 항공비용에서 국내 소재 대학으로 가는 교통비용을 뺀 금액을 절약할 수 있을 것이다. 극단적인 경우, 직접 비용을 줄이지 못하더라도 너무 먼 거리라 쉽게 오갈 수 없는 데 따르는 심리적 불만이나 불안은 대부분 없어질 것이다. 즉 학생과 학부모의 심리적인 거리가 크게 단축될 것이라는 것이다. 학부모는 외국 투자자가 설립한 국내 대학이나 외국 대학 분교에 유학하고 있는 자기 자식을 쉽게 그리고 자주 찾아볼 수 있을 것이기 때문이다. 학생과 가족 구성원 간의 접촉이 많아지면 학생이 겪는 여러 가지 어려움이나 갈등도 상당히 해소될 것이다. 여기에서 어려움이나 갈등이란 교육과 관련한 것도 있고, 교육과 직접적 관련이 없는 것도 있다. 그 결과 학생의 교육 성취도도 높아질 것이다. 대체로 외국 유학생의 교육 성취도는 국내 대학에서 교육을 받는 경우의 교육 성취도에 비하면 낮다고 알려져 있다. 한마디로 앞에서 지적한 모든 점이 해외 유학생의 감소로 이어질 것이다.

셋째, 해외 유학생이 감소하면 교육에 지불하던 외화를 다른 용도로 사용할 수 있기 때문에 그만큼 국내 기업의 경쟁력이나 국내 소비자의 만족도를 끌어올리게 될 것이다. 아래의 〈표 8〉은 연도별 유학 관련 수지를 보여주고 있다. 유학 관련 수지 적자는 경제위기가 발생한 1997년 직후에 상당히 감소하다가 이후에 지속적으로 증가하고 있음을 알 수 있다. 2014년 기준 유학 관련 수지 적자는 약 36억 달러이다. 2007년 당시 적자는 약 50억 달러로서 적자의 규모가 가장 컸다. 그 이후 적자 규모는 전반적으로는 감소하는 추세다.

| 표 8 | 연도별 유학 관련 수지

단위: 백만 달러

	수입	지출	수지
1996년	24.3	1128.0	−1103.7
1998년	42.8	829.7	−786.9
2000년	23.0	957.9	−934.9
2002년	16.9	1426.6	−1409.7
2004년	15.9	2493.8	−2477.9
2006년	28.0	4514.6	−4486.6
2007년	44.9	5025.30	−4980.40
2008년	54.40	4484.50	−4430.10
2009년	36.30	3999.20	−3962.90
2010년	37.40	4488.00	−4450.60
2011년	128.30	4389.50	−4261.20
2012년	71.80	4150.40	−4078.60
2013년	104.00	4306.90	−4202.90
2014년	85.2	3702.10	−3616.90

자료: 한국은행

교육시장 개방으로 인한 유학생의 감소는 유학 관련 수지의 적자를 줄일 것이고, 개인은 감소된 적자를 다른 용도로 사용할 수 있다. 개인이 해외 재화나 서비스를 사용하는 것은 그만큼 생산에 있어서 경쟁력이나 소비에 있어서 만족도를 끌어올리게 될 것이다.

그러면 해외 대학의 국내 유치는 어떤 규제 또는 문제점이 있는 것일까? 해외 유학생이 많음에도 불구하고 국내에 외국 투자자가 대학을 설립하거나 해외 대학의 국내 분교가 거의 설립되지 않고 있는 것은 무엇 때문일까? 현재 경제자유구역, 제주특별자치도, 기업도시 등에서 외국 대학의 분교를 설립할 수 있도록 하고 있다. 그러나 어느 곳에서도 영리법인 학교와 과실송금, 두 가지 모두를 허용하는 곳은 없다. 물론 어떤 곳에서는 특수 목적에 한해서 어느 한 가지만 인정하는 경우는 있다. 외국 투자자나 외국 대학의 분교가 영리법인으로 활동할 수 없고 과실송금을 할 수 없다면, 투자를 기대하는 것은 매우 어렵다고 하겠다. 외국 투자자나 외국 대학은 자선사업을 하기 위하여 국내에 교육 기관을 설립하는 것이 아니기 때문이다. 그러므로 해외 투자자나 해외 대학의 분교를 유치하기 위해서는 영리법인 학교와 과실송금, 어느 하나가 아니라 둘 모두를 허용해야 한다.

7

학생인권조례[79]

2010년 10월 경기도 교육감이 학생인권조례를 제정·시행한 이후에 학생인권조례는 광주(2011. 10), 서울(2012. 1), 전북(2013. 7) 지역 등으로 확대되어 시행 중이다. 지방 교육청 수준에서 일률적으로 학생인권조례를 제정하여 시행하는 것이 타당한 것인가?

공식 교육기관인 학교는 물론 비공식 교육기관인 과외, 사설학원 등에서도 학생의 인권과 교사의 인권은 보호되어야 한다. 즉 언제, 어디서나 모든 인간은 그가 누구인가와 상관없이 그의 권리는 보호되어야 한다. 그것이 헌법적 권리 이전에 천부적인 권리이기 때문이다. 그런데 공식 교육기관인 학교에서 학생의 인권이 가장 문제가 되는 것은 교사가 교육이라는 이름으로 학생을 체벌하는 경우

---

79 체벌을 포함한 교육 관련 정책의 일부가 학생인권조례에 규정되기 때문에 전용덕, "교육관련정책: 우파와 좌파의 다른 점", CFE Report, No. 135, 2010. 8. 26도 학생인권조례 제정에 참조 가능하다.

다. 이 부분은 앞 절에서 따로 다루었기 때문에 여기에서 더 이상 다루지 않는다. 그리고 권리가 존재한다면 의무도 당연히 존재한다는 것을 인정해야 한다. 여기에서 의무란 학생으로서의 의무, 교사로서의 의무 등을 말하는 것이다.

앞에서 지적한 점을 전제로, 일부 지방 교육청이 제정·시행하고 있는 학생인권조례를 두 가지 관점에서 검토하고자 한다. 첫번째는 지방 교육청이 학생인권조례를 제정하는 일이 옳은가 하는 것이고, 두 번째는 학생인권조례 내용 자체가 적절한가 하는 것이다.

학생을 포함한 교사의 권리와 의무까지도, 그 권리와 의무를 규정해야 한다면 학교의 소유자가 그 권리와 의무를 규정하는 권리를 가져야 한다.[80] 왜냐하면 학교의 소유자는 학교라는 재산의 소유자이기 때문이다. 문제는 학교의 소유자가 민간인 경우에는 그 소유자가 분명하지만, 국공립인 경우에는 검토의 여지가 있다. 국공립학교는 명목상으로는 국민이 그 소유자다. 그러나 실질적으로는 그렇지 않다. 어떤 한 학교를 국민 모두가 소유하고 있다는 것은 국민 누구도 소유하지 않고 있다고 하는 것이기 때문이다. 국공립학교의 실질적인 소유자는 그것을 운영하는 사람이라는 점에서 교장이 초·중·고등학교의 소유자라고 보는 것이 옳다. 그러나 엄밀한 의미에서 교장은 학교의 소유자라기보다는 위탁을 받아 임기 동안만 학교를 운영하는 운영권자다. 즉 실질적인 의미에서 국공립학교의 소유자는 교장인 것이다. 그러므로 학교라는 재산의 사용에 있어서

---

80 라스바드(Rothbard)는 '자연법적 접근법'을 기초로 인간의 자유와 권리를 재산권으로 해석하는 법학 또는 도덕과학을 완성했다는 점을 앞에서 지적했다. 여기에서는 그의 접근법을 채택하여 학생인권조례를 검토하고자 한다.

발생할 수 있는 학생과 교사의 권리와 의무에 대한 사항은 학교의 소유자가 결정해야 하고 그 결과 지방 교육청의 학생인권조례 제정은 그 권한을 넘은 행위로 보는 것이 옳다. 다만 교장의 업무 수행을 상위 감독기관인 지방 교육청이 감독·평가하는 것은 당연하기도 하고 필요하기도 한다.

학교의 소유자가 학교라는 재산의 사용에 대해 예상되는 권리와 의무에 대해 규정하더라도 학교의 소유자는 교장과 교사뿐 아니라 학생의 재산을 침해해서는 안 된다. 이 점이 가장 중요하다. 예를 들어, 학교의 소유자가 어떤 학생이 다른 학생의 학업을 방해하는 것을 막기 위해 그 학생에게 벌칙을 가하는 경우일지라도 학생의 신체를 침해하는 행위, 즉 체벌을 해서는 안 된다는 것이다. 물론 이 점은 이미 앞 절에서 지적하였다. 이 점을 염두에 두고 여기에서는 서울 학생인권조례에 포함된 내용을 차례로 검토하고자 한다.

첫째, 학생인권조례가 학교 단위의 자율성과 학칙 제정권을 침해하고 있다. 학교 단위의 자율성과 학칙 제정권은 학교 소유자가 가지는 것이 옳다. 그러므로 일부 지방 교육감이 제정한 학생인권조례는 학교 소유자가 마땅히 가져야 하는 그 권한을 침해한 것이다.

둘째, 학생인권조례는 학생에게 집회의 자유를 전면 허용하고 있으나 학교 내 집회의 경우 최소한의 범위에서 학교 규정으로 제한할 수 있게 하고 있다. 여기에서 집회의 자유라고 할 때 집회의 장소를 학교 내부와 학교 외부로 나누어야 한다. 학교 외부에서 하는 집회의 경우 학생과 학부모 책임이기 때문에 고려 대상이 아니다. 하지만 학교 내부에서 하는 집회의 허용 여부는 학교 소유자가 가지는 것이 옳다. 왜냐하면 집회를 하기 위해서는 일정한 장소를 사용해야 하는데 그 장소의 사용에 관한 결정권은 의당 학교 소유자의 것이기 때문이다. 그리고 학생에게 집회의 자유를 전면 허용하는 경우에 집회가 정치적 목적에 휘둘릴 수도 있다. 물론 이것은 바람직한 일이 아니다. 그것을 방지하기 위해서도 학생 집회는 교장과 교직원의 감시와 감독을 받는 것이 옳다.

셋째, 학생인권조례는 복장, 두발 등의 자율화와 휴대전화의 소지를 허용하고 있다. 학생이 학교의 재산을 사용하여 학습할 때 학교의 소유자는 학습 분위기 조성을 위하여 복장, 두발 등의 자율화와 휴대전화 소지 허용 등 그 권한을 적절히 제한할 수 있도록 하는 것이 옳다. 개별 학교 소유자가 복장, 두발, 휴대전화 소지 허용 등을 결정할 수 있는 권한을 가져야 한다. 미국의 사례를 보자. 미국 학교들은 복장과 두발 등에 대한 엄격한 규정을 두고 있으나 긴 시간이 흐르면서 그 규정은 유명무실화되어 지금은 복장과 두발이 매우 자율화되어 있는 것이 현실이다.

넷째, 학생인권조례는 특정 종교를 강요하는 행위를 금지하고 있다. 이 문제는 학생 선발권 문제가 선결되어야 한다. 종교를 전파하거나 신봉할 목적으로 설립된 학교는 특정 종교를 강요할 수 있어야 한다. 그러기 위해서는 현재와 같은 학교 강제 배정 방식을 먼저 폐지하고 학생과 학부모가 학교를 자발적으로 선택할 수 있도록 해야 한다. 그런 환경에서는 특정 종교가 설립한 학교가 아닌 학교는 특정 종교를 강요할 필요가 없을 것이다. 한 마디로, 이 문제는 학생과 학부모의 학교 선택권이 없기 때문에 발생하고 있는 문제라는 것이다.

다섯째, 학생인권조례는 학생이 임신·출산·성적 지향 등에 있어서 차별 받지 않을 권리를 규정하고 있다. 그러나 임신이나 출산을 한 학생이 다른 학생에게 미치는 영향은 작지 않다. 학교가 면학 분위기 조성을 위하여 필요하다고 판단되는 경우에 학교의 소유자가 그런 학생의 학교 출입을 통제할 수 있어야 한다.

여섯째, 학생인권조례는 권리와 의무의 부조화 문제가 심각하다. 서울 학생인권조례를 보면 교장과 교직원의 권리조항은 2개이고 의무조항은 74개인데 반해 학생의 권리조항은 51개이고 의무조항은 2개뿐이다.[81] 학교라는 재산의 사용에 관한 것이라면 일반적으로 학생의 의무가 많아야 할 것으로 여겨지지만, 서울 학생인권조례는 그 반대로 되어 있다. 이러한 상황에서 교사와 학생 간에 갈등이 야기될 여지가 크다.

학교에서는 학생뿐 아니라 교사의 권리도 보호되어야 한다. 그러나 학교의 재산을 사용함에 있어서 권리의 주체는 학교의 소유자이므로 학교 재산의 사용자인 학생과 교사는 의무도 지고 있는 것이다. 일부 지방 교육청이 제정·시행하고 있는 학생인권조례는 그 내용 대부분이 학교 소유자의 권리를 침해하는 것이다. 그리고 경우에 따라서는 학생과 교사 간 갈등을 야기하거나 다수 학생의 권리가 침해되는 일이 발생할 여지가 있다.

---

81 전희경, "흔들리는 교육, 어떻게 바로 잡을 것인가", 2014, 12쪽 참조.

8

영어교육

　여기에서 영어교육이라 함은 공식 교육기관인 초등학교, 중학교, 고등학교에서의 영어교육을 말한다. 그러므로 여기에서는 과외, 사설학원 등과 같은 비공식 교육기관에서의 영어교육은 특별한 언급이 없는 한 제외한다. 우리는 아래에서 초·중·고등학교에서의 영어교육에 대해 분석하고 대책을 제시한다.

　영어가 얼마나 중요한가는 이미 논란의 여지가 없는 것처럼 보인다. 학부모가 영어 사교육비에 15조 원이라는 큰 비용을 쓰고 있음이 이를 간접적으로 증명한다. 영어 사교육을 시작하는 시기가 평균 연령 3.7세이고 유치원에서부터 대학 어학연수까지 비용이 1인당 약 2억 원이라는 비공식 통계도 있다.

　미국에서는 이중언어를 사용하는 사람이 단일언어 또는 모국어만 사용하는 사람보다 연간 평균 3,000달러를 더 번다는 연구 결과가 있다.[82] 경제적 이득 이외에도 이중언어의 사용은 다른 혜택을 많이 준다. 언어 습득과 구사 능력을 향상시키고, IQ를 2~4점 높게 만들고, 더 종합적이고 다원적인 세계관을 가지고, 비판적 사고를 통해 우수한 결정과 선택을 하게 하며, 지적으로 건강하게 살도록 한다.[83]

영어교육 또는 이중언어 교육이 이렇게 중요함에도 불구하고 공식 교육기관인 초등학교, 중학교, 고등학교에서의 영어교육은 결코 충분하지 못하다. 현재 초등학교에서 영어교육 시간을 살펴보면 1~2학년에서는 없고, 3~4학년은 주당 2시간, 5~6학년 주당 3시간 이내다. 중·고등학교 영어교육은 상당 부분 문법과 독해 위주다.[84]

공식 교육기관의 영어교육에 대한 학부모의 불만은 해외 유학으로 나타난다. 초·중·고등학교의 해외 유학생 수는 2009년을 기점으로 지속적으로 감소하고 있지만, 2012년 1년 동안에 1만 4,340명이다. 2006년에는 초·중·고등학교 1년 동안의 해외 유학생 수가 2만 9,511명이었다. 초·중·고등학교 학생이 해외 유학을 원하는 이유는 여러 가지가 있다. 통계청이 조사한 바로는 외국어 습득의 용이성 때문이라는 이유가 전체 조사 대상자의 약 15~18% 정도다.[85] 최근

---

82 이중언어 습득의 중요성과 이중언어의 사용으로 인한 이득에 대한 자세한 내용은 복거일, 『영어 격차』, 자유경제원 e-지식 시리즈 14-8 참조.

83 예를 들어, 베트남 어머니를 둔 자녀의 경우 그 자녀가 한국어도 베트남어도 완벽하게 할 수 없는 상태에 놓이게 된다. 이 경우를 '분산적 이중언어 사용'이라고 한다. 분산적 이중언어 사용은 모국어를 완전하게 습득할 수 있으면서 영어를 배우는 상태를 뜻하는 통상적 의미의 이중언어 사용과 다르다. 분산적 이중언어 사용에서는 작지 않은 문제가 발생할 수 있다. 여기에서는 분산적 이중언어 사용의 경우를 제외한다.

84 한국 영어교육이 문법과 독해 중심으로 이루어지게 된 것은 해방 이후에 정부가 일제의 문법과 독해 위주의 영어교육 방식을 그대로 따랐기 때문이라는 것이다. 이 점에 대해서는 KBS역사스페셜 제121회, 2012년 11월 8일자 참조.

85 통계청, 『2012년 사회조사 결과(가족·교육·보건·안전·환경)』

에는 영어를 전문으로 하는 유치원도 우후죽순으로 생겨나고 있다.

언어 습득에 대한 지금까지의 연구 결과를 종합하면 다음과 같다. 유아는 5세까지 완벽한 언어 능력을 확보하고 11세가 되면 이중언어를 습득할 수 있는 결정적 시기가 완료된다는 것이다. 이러한 결과는 초등학교 영어교육과 유아교육에 몇 가지 시사점을 던진다.

첫째, 5세부터 초등학교에 입학할 때까지 영어를 접할 수 있도록 하는 것이 이후의 영어교육에 도움이 된다는 것이다. 이 시기의 영어교육이란 영어로 된 어린이용 비디오를 보게 하거나 간단한 영어 테이프를 듣게 하는 등을 말하는 것으로 본격적인 영어교육을 실시하는 것을 말하는 것은 아니다. 다시 말하면, 비록 가볍지만 영어교육을 시작하는 시점을 유치원의 만 5세로 하는 것이다. 왜냐하면 이미 5세에 모국어를 습득할 수 있는 능력을 완벽하게 갖추게 되기 때문이다.

둘째, 11세까지 이중언어를 제대로 교육하는 것이 두 번째 언어를 모국어 수준으로 구사할 수 있게 해준다는 것이다. 이 점에서 보면 초등학교 1~2학년에 영어교육을 하지 않는 현재의 영어교육 정책은 완전 잘못되었음을 알 수 있다. 초등학교 1학년부터는 영어교육을 본격적으로 해야 한다. 그리고 현재의 초등학교 3~6학년까지의 영어교육도 매우 불충분하다. 주당 최대 3시간의 영어교육은 학생으로 하여금 이중언어를 모국어 수준으로 구사하게 만들지 못할 것이라는 것이다. 결국 교육부의 부실한 이중언어 정책은 학부모로 하여금 사설학원이나 과외로 시선을 돌리게 하고 있다. 강남의 엄마들이 자식이 아주 어릴 적에 고액을 주고 원어민이 강의하는 사설학원에 보내는 것은 타당한 이유가 있음을 알 수 있다.

셋째, 11세가 이중언어를 습득할 수 있는 결정적인 시기의 완료 시점이라는 것은 5~11세까지 이중언어를 제대로 습득할 수 있는 교육을 받은 학생과 그렇지 못한 학생 간에 이후의 삶에 큰 차이가 발생할 수 있음을 의미한다. 이중언어 교육을 어떻게 받았느냐에 따라 소득을 포함한 각종 불평등이 발생할 수 있다는 것이다. 만약 이중언어 교육을 제대로 할 수 있다면 소득 불평등을 근본적인 차원에서 차단할 수 있다는 것을 알 수 있다. 물론 이중언어 교육의 부실이 소득 불평등의 모든 원인이 아니기 때문에 모든 소득 불평등을 차단한다는 말은 아니다.

넷째, 중고등학교 영어교육에 대해서는 문법과 독해 위주의 교육을 지양하고 소위 '영어몰입교육'을 하는 시간을 최대로 늘려야 한다. 아무리 11세까지 이중언어를 습득할 수 있는 기초 작업이 잘 되었다하더라도 그 이후에 지속적으로 그 언어를 사용하지 않는다면 11세 이전까지의 언어 습득 효과가 상당히 없어질 것이다. 그렇게 하기 위해서는 대학입시에서의 영어 과목의 테스트 방식을 변경할 필요가 있다. 이 점에 대해서는 영어 전문가의 연구가 필요하다. 그리고 중·고등학교 영어교육 방식과 시간도 개선이 필요하다. 한마디로, 유아부터 초등학교까지의 영어교육이 성공적으로 이루어진다고 해도 이후의 학습을 통해 이중언어를 완전히 습득할 때까지 영어교육이 잘 이루어지지 않는다면 초등학교 영어교육의 효과는 상당 부분 의미가 없을 것이다.

다섯째, 영어교육은 학부모의 경제적 능력에 의해 결정되고[86] 그

---

[86] 지난 10년 간 지역 간 소득에 따라 수능 영어 성적의 격차가 더 커지고 있다는 연구 결과가 있다. 조선일보 2014년 7월 7일.

렇게 결정된 영어구사능력이 직장과 사회에서의 소득에 큰 영향을 준다. 특히 직장이나 사회는 개인의 영어구사능력을 그 개인의 업무 능력과 결부시키는 경우도 자주 목격할 수 있다. 이것이 소위 영어 구사능력을 '선별장치'로 이용하는 경우다. 현재 한국은 영어구사능력을 선별장치로 이용하는 경우가 적지 않기 때문에 영어교육에 대한 수요가 크다. 그러나 앞에서 보았듯이 공식 교육기관의 영어교육은 시기적으로 적절하지도 않을 뿐 아니라 충분하지도 않다는 것이 문제다. 한 마디로 공식 교육기관의 영어교육, 특히 초·중·고등학교의 영어교육은 고등학교 또는 대학교 졸업 후에 학생의 영어격차가 소득격차로 이어지지 않도록 개혁 또는 개선되어야 한다.

여기에서 덴마크 영어교육 방법을 참고할 필요가 있다. 덴마크는 덴마크어와 함께 영어를 공용어로 지정했다. 그리고 원어민을 교사로 대거 고용하여 초등학교에서부터 고등학교까지 영어몰입교육을 실시했다. 이제 모든 국민이 이중언어가 가능해졌을 뿐 아니라 자국민이 원어민 교사와 같은 정도의 영어교사를 할 수 있게 되었다. 이제 영어교육에 있어서 원어민이 필요 없어진 것이다. 덴마크 영어교육 방법이 주는 교훈은 정부의 교육비 지출 중에서 영어교육, 특히 원어민에 의한 영어몰입교육이 외부경제가 가장 큰 것으로 여겨진다는 것이다.

문제는 영어격차가 소득격차로 이어지게 되는 중요한 고리는 영어구사능력을 선별장치로 사용하는 경우다. 만약 그렇게 하지만 않는다면 다른 능력을 입증하는 방법이 가능할 것이다. 결국 영어격차가 소득격차로 이어지게 되는 것을 막기 위해서는 영어구사능력을 선별장치로 사용하는 것을 막아야 한다는 결론에 이르게 된다.

지금의 영어교육은 비용에 비해 결과가 너무 미미하다. 한마디로, 고비용 저효율 체제인 것이다. 영어를 그렇게 오랫동안 배웠으면서도 말 한마디 제대로 못하는 학생이 대부분이라는 사실이 이 점을 입증한다. 그러므로 현행 영어교육은 큰 개혁이 필요하다.

영어교육 개혁은 단기와 장기로 나누어 접근이 필요하다. 단기에서는, 유아부터 고등학교까지 영어몰입교육[87] 을 실시하되 그 비용을 정부가 세금으로 부담하는 것이다. 왜냐하면 이중언어 습득에 있어서 격차가 발생하면 그런 격차는 평생의 삶에 있어서 격차를 만들어내기 때문이다. 다만 정부의 다른 교육비 지출을 대폭 줄임으로써 영어교육 강화로 정부의 교육비 지출이 더 이상 증가하지 않는다는 전제하에서 말이다. 그리고 앞에서 제안한 방법으로 대부분의 개인이 이중언어를 제대로 습득한다면 다음 세대의 영어교육은 훨씬 비용이 적게 들 것이기 때문에 영어교육이 사적 재화이면서도 정부가 비용을 지출해야 할 타당한 이유가 있다.

그러나 장기에서는 영어교육도 개인이 전적으로 책임을 지도록 하는 것이다. 제2장에서 교육이 공공재가 아니라는 이론을 입증했는데 그 점은 영어교육에도 예외 없이 적용 가능하기 때문이다. 그리고 이때 영어구사능력을 선별장치로 사용하는 것을 억제하도록 기업체 등을 설득하는 것 또한 긴요하다. 그러므로 장기적 관점에서 영어교육도 개인에게 맡기되 영어몰입교육 기간 동안 정부는 사회의 모든 사람과 기업체 등이 영어구사능력을 선별장치로 사용하는 것을 최대한 자제하도록 지속적으로 설득해야 한다.

---

87 영어몰입교육 뿐 아니라 세계화 시대에 영어공용화는 필수적인 것일 수도 있다. 영어몰입교육 뿐 아니라 영어공용화에 대한 검토도 심도 있는 논의가 필요하다.

9

유아교육[88]

　유아는 보육과 교육이 모두 필요하다. 다만 만 2세 이하에서는 보육이 주┴이고, 만 3~5세는 나이가 들수록 점차 교육이 중요해진다. 여기에서는 유아교육만을 다루기 때문에 만 3~5세에 이루어지는 교육을 말한다. 정부에서는 이 교육을 '누리과정'이라고 부른다.[89] 정부는 무상 유아교육을 2012년 3월 1일부터는 모든 만 5세 유아에게, 2013년 3월 1일부터는 모든 만 3~4세 유아에게 실시하고 있다. 그리고 누리과정은 이 전에는 어린이집은 복지부, 유치원은 교육부에 분리되어 있었으나 2012~2013년 누리과정의 확대와 함께 통합하였다. 누리과정 정부 지원비는 유아 한 명당 2013년부터 월 22만 원이다. 다만 공립 유치원은 월 11만 원이다.[90] 즉 2013년 3

---

88 무상 유아교육에 대한 자세한 비판은 김정래(2013), 현진권 편(2013) 등을 참조.

89 경우에 따라서는 무상보육이라는 말을 사용하지만 교육과 보육을 엄밀히 구분한다는 점에서 적절한 용어라고 보기 어렵다.

월부터 만 3~5세 유아교육은 모든 가구에 무상이 된 것이다.

무상 유아교육 또는 누리과정의 문제점을 지적하자면 다음과 같다. 첫째, 복지 전문가는 무상 유아교육이 생애 초기 출발점에서 평등을 보장하는 수단이라고 주장한다. 그러나 평등주의는 우리가 추구해야 할 가치가 아니다. 평등주의에 대한 자세한 비판은 제4장을 참고할 수 있다. 게다가, 유아교육을 정부가 지원하는 것이 실질적인 평등을 실현하지는 못할 것이라는 점도 강조할 필요가 있다.

둘째, 유아교육도 교육이고 교육의 책임은 개인이다. 국가가 유아교육 비용을 지원하는 것은 교육에 있어서 개인의 책임을 부인하는 것이다. 복지 전문가는 유아교육 비용의 국가 지원을 정당화하는 이유로 유아교육을 공공재라 주장하고 있다. 그러나 제2장에서 보았듯이 교육은 공공재가 아닌 사적 재화다. 유아교육도 예외가 아니다.

셋째, 유아교육의 공교육화를 주장하는 전문가들은 정부의 지원에 의해 유아교육의 질을 제고할 수 있다고 주장한다. 그러나 오늘날 공교육이 사교육보다 월등히 뒤떨어진다는 것은 모두가 인정하는 점이다. 유아교육도 공교육으로 전환되면서 천천히 교육의 질이 떨어질 것이다. 왜냐하면 유아교육 정부 지원비는 가격 규제로 작용할 것이기 때문이다. 일반적으로, 어떤 재화의 고정가격이 자유시장가격보다 높을 때는 그 재화는 성장을 계속하다가 그것이 자유시장가격보다 낮아지면 쇠락한다. 지금은 아마도 유아교육의 누리

---

90 참고로 유아 한 명당 가정양육수당은 12개월 미만 월 20만 원, 24개월 미만 월 15만 원, 36개월 미만 월 10만 원이다. 어린이집 정부 지원 보육료는 유아 한 명당 2015년 현재 만 0세 월 40.6만 원, 만 1세 월 35.7만 원, 만 2세 월 29.5만 원이다.

과정 지원비가 자유시장가격보다 높은 것으로 추정된다. 유아교육 정부 지원비가 자유시장가격보다 낮은 경우에도 초기에는 그 폐해가 잘 나타나지 않을 수 있다. 고정가격은 간섭주의의 일종이고 간섭주의의 문제점에 대해서는 제4장에서 자세히 분석했다. 지금도 유아교육에 있어서 간섭주의의 악영향이 나타나고 있다. 예를 들어, 유치원 원아 수를 부풀려서 유치원 팔기 또는 되팔기, 무자격 교사에 의한 교육 등이 그것이다.[91] 물론 현재로서는 간섭주의의 모든 결과를 예측하는 것이 가능하지 않다. 다만 간섭주의는 언젠가 그 부작용이 반드시 나타난다는 점을 이해할 필요가 있다.

넷째, 누리과정 지출은 중앙정부와 지방교육청의 결정과 지출에 영향을 미친다. 예를 들어, 누리과정 예산 편성으로 인하여 고교 무상급식을 줄이는 경우다. 정부의 예산은 무한정한 것이 아니다. 어느 한 쪽 지출이 증가하면 다른 지출을 줄이지 않을 수 없다. 행정기관의 예산이 제한되어 있기 때문이다.

다른 예를 들어본다. 2015년 예산 편성과정에서 원칙적으로 누리과정 예산을 지방교육청이 지방교육재정교부금으로 부담해야 하나 그 금액이 충분하지 않았다. 이 과정에서 지방교육청은 누리과정 예산을 편성하지 않겠다고 주장했다. 이에 중앙정부는 예산 부족분에 대해 지방채를 발행할 수 있도록 하고, 이자를 정부가 보전해주는 방법으로 지방교육청과 타협하였다. 이것은 누리과정 비용이 무리한 지출임을 보여주는 것이다. 그리고 이것은 나쁜 선례가 될 것이다.

---

91 유치원이나 어린이집의 프리미엄이 몇 억 원에서 몇 십 억 원을 호가한다는 말이 시민들의 입을 타고 번지고 있다.

다섯째, 무상 유아교육이 사회 발전의 초석이 될 수 있다고 복지 전문가는 주장한다. 사회에 필요한 덕목인 배려, 타인 존중 등과 같은 가치를 교육을 통해 가르칠 수 있기 때문이라는 것이다. 예를 들어, 무상 유아교육을 통해서 학교폭력 예방 교육을 일찍부터 실시할 수 있다. 그러나 학교폭력이 학교폭력에 대한 교육 부족으로 발생하고 있는 것이 아니다. 학교폭력을 근절하고자 한다면 그 원인을 찾아서 해결해야 할 것이다. 학교폭력의 원인을 방치한 채 예방 교육만으로 효과를 발휘할 수 있을지는 의문이다.

여섯째, 무상 유아교육은 소득재분배 문제를 가져온다. 유아가 있는 사람과 없는 사람, 유아가 몇 명 있느냐에 따라 소득재분배는 여러 겹으로 이루어진다. 특히 아이가 없는 사람의 경우 타인의 유아 교육비를 지원하게 하는 것은 매우 억울한 일일 것이다.

일곱째, 유아교육의 지원이 저출산 문제를 해결하기 위한 한 가지 방책이라는 것이다. 그러나 유아교육비가 저출산의 원인이 아니다. 저출산 문제는 인플레이션과 관계가 있다. 여기에서는 더 이상 다루지는 않지만 심도있는 연구가 필요하다.

결론적으로, 정부가 유아교육을 지원해야 할 하등의 이유가 없다. 유아의 보육과 교육은 전적으로 부모에게 맡겨져야 한다. 부모의 요구에 따라 사립 유치원 또는 사립 어린이집에서 유아교육 서비스를 제공하도록 해야 한다. 정부가 국공립 유치원 또는 국공립 어린이집을 운영할 필요는 없다. 정부의 유아교육 지원은 지금은 예상하기 힘든 폐해가 필연적으로 발생할 것이다. 유아교육 지원은 일종의 간섭주의이기 때문이다.

10

선행학습금지법

'공교육 정상화 촉진 및 선행교육 규제에 관한 특별법'이 2014년 3월에 제정되고 같은 해 9월부터 시행에 들어갔다. '선행학습금지법'이라고 불리는 이 법은 공식 교육기관의 교육을 정상화하기 위한 목적으로 제정되었다. 그리고 그런 목적을 달성하기 위하여 교육 관련기관의 선행교육과 선행학습을 규제하는 것을 그 수단으로 하고 있다. 선행교육과 선행학습이란 국가교육과정(교육부 장관이 정한 초·중등교육과정), 시·도교육과정(교육감이 정한 초·중등교육과정), 학교교육과정(단위학교의 교육과정)에 앞서서 편성 또는 제공하는 교육 일반과 학습자가 하는 학습을 말한다.

선행학습금지법의 주요 내용은 크게 세 가지다. 첫째, 초·중·고교는 교육과정에 앞서는 내용을 가르치거나 평가해서는 안 된다. 둘째, 입학 전형을 실시하는 학교는 그 이전 교육 과정을 벗어난 내용을 출제하면 안 된다. 셋째, 대학은 대학별 고사(논술, 면접 등)에서 고교 교육과정을 벗어나는 내용을 출제하면 안 된다.

선행학습금지법에는 두 가지 이슈가 내포되어 있다. 한 가지는 공식 교육기관의 교육이 비정상적이 된 원인이 무엇인가 하는 것이다. 만약 공식 교육기관의 교육이 선행교육과 선행학습 때문이라면 선행학습금지법은 아주 적절히 제정된 것으로 볼 수 있다. 그러나 만약 그렇지 않다면 선행학습금지법은 잘못 제정된 것이다. 다른 한 가지는 선행교육과 선행학습을 금지하는 것이 옳은 정책인가 하는 것이다.

첫 번째 의문을 먼저 풀어보기로 한다. 공식 교육기관의 교육이 비정상이 된 궁극적 원인에 대해서는 제4장에서 자세히 분석했다. 그 내용을 한마디로 요약하면 공식 교육기관의 교육이 비정상화된 것은 대학 등록금에 대한 가격 규제와 그에 따른 정원 규제 때문이라는 것이다. 대학에 들어가는 문이 매우 좁기 때문에 개인들은 사교육을 받지 않을 수 없고 사교육으로 인하여 공식 교육기관의 교육, 즉 공교육이 상당히 비정상화된 것이다. 그러므로 공식 교육기관의 교육 또는 공교육을 정상화시키고자 한다면 대학 등록금에 가해진 규제를 폐지하여 대학에 대한 수요와 공급이 일치하도록 해야 한다. 즉 선행교육과 선행학습이 공식 교육기관의 교육을 비정상적으로 만든 원인이 아니라는 것이다.

두 번째 의문은 선행교육과 선행학습을 금지하는 것이 옳은 정책인가 하는 것이다. 만약 선행교육과 선행학습이 공식 교육기관의 교육이 비정상화된 원인이라면 선행교육과 선행학습을 금지하는 것이 순리일 것이다. 선행교육과 선행학습이 좋은 점이 많은 것임에도 불구하고 말이다. 그러나 앞에서 보았듯이 선행교육과 선행학습은 공식 교육기관의 교육이 비정상화된 것과는 아무런 관련이 없다. 그 경우에 우리는 선행교육과 선행학습의 폐지 여부는 그 자체의 장점과 단점을 비교하여 결정하면 될 것이다.

교육과 학습이라는 목적에 비추어보면 선행교육과 선행학습을 금지하는 것은 잘못된 것이다. 왜냐하면 선행교육과 선행학습은 더 많이 공부하고 학습하는 것이므로 금지할 것이 아니라 권장해야 할 것이기 때문이다. 좀 더 근본적으로 교육의 목적은 더 많이 배우고 익히는 것을 목적으로 하기 때문이다.

선행교육과 선행학습의 금지는 학생들의 차이를 일정 부분 부정하고 있다는 점에서 문제가 있는 것이다. 한 학생이 다른 학생보다 성적이 우수하다면 선행교육과 선행학습이 그 학생의 학업 성취에 도움이 된다. 한 학생이 다른 학생보다 성적이 못하다면 선행학습, 즉 예습을 통해 학업 성취를 높일 수 있을 것이다. 현재 고등학교 과정은 난이도도 높지만 분량도 매우 많아 일반적으로 학생들이 처음 배울 때 거의 이해하지 못한다고 한다. 이 경우에 선행교육 또는 선행학습이야말로 그런 난이도 높은 교과목을 따라갈 수 있는 방법이다. 그리고 선행교육과 선행학습의 금지를 폐지하면서 고교 평준화 정책도 포기하여야 한다. 그렇게 할 때만이 학생의 수준에 맞는 교육과 학습이 되어 가장 효율적인 교육과 학습이 될 것이다.

그러나 선행교육과 선행학습을 허용하더라도 그 부작용을 고려하여 선행교육과 선행학습을 제도화하는 방법이 적절할 것이다. 먼저 수학능력평가 등과 공식적인 시험이나 평가는 국가교육과정, 시·도교육과정, 학교교육과정 등의 범위 내에서만 출제하는 것으로 한다. 그 범위를 이미 마친 학생은 따로 선별하여 본인이 원하는 경우에만 교육을 받도록 한다. 이것이 미국 명문 고등학교에서 시행되고 있는 APAdvanced Placement반이다. 물론 모든 과목에 AP반이 있는 것이 아니고 학교 사정이나 학생의 수요에 따라서 AP과목이 있는 것도 있고 없는 것도 있다. 또한 대학에 진학하는 경우에 동일 과목을 면제해주는 대학도 있고 그렇지 않은 대학도 있다. 대학이 AP를 인정하는가 하는 것은 순전히 대학 스스로 결정할 문제다.

선행학습금지법 제8조는 학원, 교습소, 개인과외교습자 등은 선행학습을 유발하는 광고 또는 선전을 하지 말 것을 규정하고 있다. 앞에서 제시한 이유로 선행교육과 선행학습을 허용하면 제8조의 규정은 불필요하다. 선행교육과 선행학습을 금지하는 경우에도 제8조는 불필요하다. 그 경우에도 학원 등이 무엇을 하는가를 수요자에게 정확하게 전달하는 것이 수요자에게는 더 좋은 것이기 때문이다.

교육부는 선행학습금지법의 시행으로 문제가 발생하자 선행학습금지법을 보완하기 위하여 2015년 3월에 선행학습금지법 규제 대상에서 '방과후 교실'을 빼는 내용으로 법을 고칠 것을 입법예고했다. 법을 개정하기로 한 것은 선행학습금지법 때문에 사교육이 더 늘어났기 때문이다. 과거에는 방과후 교실에서 학생 수준에 따라 진도를 앞서 배우거나 심화교육을 받을 수 있었다. 그러나 선행학습금지법이 그런 선행교육 또는 선행학습을 금지했기 때문에 학원으로 가는 학생이 늘어난 것이다. 결국 교육부는 비록 부분적이지만 선행학습금지법을 폐지하게 되었다.

선행학습금지법은 잘못 만들어진 법이다. 만약 대학 등록금 규제를 폐지하여 대학에 대한 수요와 공급이 일치하게 되면 과외와 같은 사교육은 없어지겠지만, 선행교육과 선행학습은 없어지지 않을 것이다. 그리고 선행교육과 선행학습, 그 자체로는 바람직한 것이기 때문에 금지해야 할 이유가 없다. 교육부가 학교의 교육과 학습에 간섭하지 않는다면, 학교는 선행교육과 선행학습을 허용하는 제도를 만들어 학생의 지식 추구 욕구를 만족시키면서 동시에 원활한 경영을 할 수 있을 것이다.

제 6 장

자유시장과
한국 교육의 미래상

1

교육을 자유시장으로[92]

누구나 소득이 증가하면 그와 비례하여 삶의 일부를 개선하고자 한다. 그중 교육, 주택 등은 삶에서 큰 비중을 차지하기 때문에 소득이 증가하면 가장 먼저 개선하고자 한다. 역사적으로 한국 사회는 소득이 폭발적으로 증가했고, 그런 만큼 교육에 대한 지출도 엄청나게 늘어났다. 더불어 교육의 질적 측면에 대한 관심도 점증해왔을 뿐 아니라 지금도 지대하다. 그럼에도 불구하고 교사 일인당 학생 수는 2014년 초등학교 경우에 19.6명이다. 이 수치는 교육 경쟁력 평가 참가국 60개 중 50위에 해당하는 것이다. 다시 말해, 소득의 폭발적인 증대에도 불구하고 교육, 특히 공식 학교교육의 질적 측면은 열악하기 짝이 없다고 하겠다.

---

92 교육부 폐지, 의무교육 폐지, 홈스쿨링 공식 인정 등과 같은 개혁은 제2장에서 설명한 이론으로부터 당연히 유도될 수 있는 것이다. 그러나 여기에서는 그런 구체적인 목표보다는 개혁 방향을 제시하고자 한다. 특히 의무교육의 문제점에 대해서는 Rothbard(1999) 참조.

정부가 정부의 교육비 지출 부담을 덜면서 국민의 고품질의 교육에 대한 요구를 반영할 수 있는 길은 초등학교에서 대학교까지 민간 자립 학교를 늘리고 그들에게 재산권 보장과 자율권을 모두 주는 것이다. 이 방법은 정부의 교육비 지출을 절대적으로 줄이지만 상대적으로 정부의 지출이 필요한 곳에 비용을 더 늘릴 수 있게 하는 것이다. 그러나 지난 반세기 이상 정부는 오히려 국공립학교를 늘리고 사립학교에 대한 각종 규제를 강화해왔다. 그 결과 공식 학교교육은 부실해지고 학생은 대학 입시위주의 암기교육에만 매달리고 있다. 공식 학교교육의 부실은 다시 사설학원, 과외 등과 같은 비공식 기관의 교육을 번창하게 하고 있다.

한국의 교육이 많은 문제를 지니게 된 것은 근본적으로는 교육에 참가하는 모든 사람들에게 자유가 부족하고, 사회주의와 간섭주의 제도가 너무 많다는 것이다. 그리고 간섭주의가 오래 지속되면 사회주의가 된다는 관점에서 보면 현재의 한국 교육은 사회주의 체제라고 볼 수 있다.[93] 이렇게 시대 역행적인 제도와 정책은 정부의 교육에 대한 지출이 늘어왔음에도 국민의 불만을 증폭시켜 왔다. 정부의 잘못된 정책과 제도는 이제 엄청난 폐해를 초래하고 있는 것이 현실이다. 즉 한국 교육은 정부의 규제와 통제로 문제와 폐해가 누적되어 왔다고 할 수 있다.

산적한 교육 관련 문제와 폐해를 해결하는 길은 먼저 교육이 경제행위임을 인정하는 것이다. 그 점을 받아들이는 일이 한국 교육 문제 해결을 위해 가장 먼저 해야 하는 것이다. 교육이 경제행위임

---

[93] 사회주의는 존속가능한 제도가 아니다. 이 점에 대한 자세한 설명은 Mises(2012) 참조.

을 인정한다면 경제행위는 경제원리가 지배한다는 점 또한 받아들여야 한다. 경제행위에서 행위자가 최선의 선택을 할 수 있도록 하기 위해 가장 필요한 것은 행위자에게 자유를 최대한 허용하는 것이다. 경제 제도적 관점에서 보면 교육에 자본주의를 최대한 많이 도입하고 산재해 있는 사회주의와 간섭주의를 폐지 또는 제거해야 한다. 이것이 거시적 관점에서 본 한국 교육 문제를 해결하기 위한 방법이자 순서다. 그리고 이 방법과 순서만이 한국 교육의 문제와 폐해를 가장 잘 해결할 수 있다.

교육 문제에 대한 해결 방안을 앞에서 자세히 다루었다. 그중 오로지 한 가지 방안, 특히 구체적인 방안만으로 압축한다면, '대학의 등록금과 정원에 대한 정부의 규제를 폐지'하는 것이다. 한국 교육의 문제들과 가장 많이 연관되어 있는 것은 대학의 등록금과 정원에 대한 규제이기 때문이다. 다시 말하면, 대학 등록금을 자유시장 가격보다 낮게 규제한 결과로 다수의 재수생, 유학생 등이 발생하고 있을 뿐 아니라 엄청난 사교육 등이 발생하고 있다.

과외, 사설학원 등과 같은 비공식교육이 발달한 것은 정부의 대학 등록금과 정원에 대한 규제 때문이지 공교육의 부실 때문이 아니다. 물론 평균적으로 한국 공식교육의 경쟁력이 뛰어난 것은 아니다. 공식교육의 부실 유무와 상관없이, 대학에 대한 정부의 규제가 대학 교육 서비스의 공급에 비하여 수요를 크게 만들어왔다. 공급이 수요에 비해 큰 상태, 즉 초과수요는 학생으로 하여금 비공식교육을 찾지 않을 수 없게 만든다. 대학입시라는 좁은 관문을 통과하기 위해서는 과외, 사설학원 등과 같은 비공식교육을 받거나 재수생이 되거나 해외 유학을 떠나는 것이다. 그리고 대학입시 준비를 시작하는 시기가 저학년 또는 낮은 학교급으로 내려가게 되고 학교폭력과 같은 문제도 비슷한 추세가 된다.

교육이 경제행위이기 때문에 경제원리를 적용하기 위해서는 다른 부문에서의 도움 또는 개혁이 필요하다. 예를 들어, 현재의 수도권 규제는 교육에 경제원리를 도입하는 데 있어서 큰 장애물임에 틀림없다. 즉 교육을 자유시장으로 만들기 위해서는 경제 내에서 자유시장원리가 아닌 부문 또는 산업을 개혁해야 한다는 것이다. 교육의 문제는 비교육 부문과도 연결되어 있기 때문이다.

요약하면, 한국 교육의 산적한 문제와 폐해를 해결할 수 있는 길은 오직 하나뿐이다. 교육에 자유시장원리를 도입하는 것이다. 오직 그 길만이 교육계에 산적한 많은 문제와 폐해를 단시일 내에 해결할 수 있다. 교육을 자유시장으로 만들어야 한다.

2

한국 교육의 미래상

　이 절에서는 이 책 전체의 결론을 대신하여 교육을 자유시장경제의 '완전한' 일부로 만들었을 경우에 한국 교육의 미래상을 예상해보고자 한다. 다시 말하면, 교육에서 사회주의와 간섭주의를 완전히 폐지했을 때 교육에 일어날 일을 예상해보는 것이다. 물론 미래의 교육이 그렇게 될 것인가는 교육 개혁의 의지에 달려있을 것이다. 여기에서 교육을 완전한 자유시장으로 만들 때 일어날 일을 예상하는 것은 개혁의 목표로서 의의가 있기 때문이다.

　한국 교육의 미래상을 예상하는 일은 구체적으로 다음과 같은 점에서 의의가 있다. 교육을 자유시장경제의 완전한 일부로 만든다는 것은 새로운 정책이나 제도를 도입하는 것이거나 기존의 정책이나 제도를 개혁하는 것이다. 그렇게 할 때 그 미래가 어떨 것인가를 아는 것이 개혁과 개선을 위한 의지를 확고히 할 수 있기 때문이다. 이 점 때문에 필자의 능력의 한계에도 불구하고 한국 교육의 미래상을 예상을 하는 이유다.

제3장에서 한국 교육의 문제를 경제주체의 관점에서 분석했다. 그러므로 여기에서도 학생과 학부모, 교사, 학교, 정부 등의 순서로 미래의 한국 교육에 일어날 변화를 예상해본다. 미래에 대한 예상이기 때문에 미래 교육의 전체적인 모습만을 그리는 것에 한정하기로 한다. 그리고 기존의 많은 규제와 간섭을 폐지하고 교육에 참가하는 주체에게 많은 자유를 주면 일시적으로는 약간의 혼란이 있을 수 있다. 교육에 참가하는 모든 주체는 그런 혼란을 더 많은 자유를 얻기 위한 일시적인 희생으로 간주하고 인내해야 할 것이다.

첫째, 학생과 학부모는 학교 선택권을 가지게 되기 때문에 공식 학교교육에 대한 불만이 점차 적어질 것이다. 오히려 공식 학교교육에서 만족과 기쁨을 얻게 되는 학생과 학부모가 크게 증가할 것이다. 이 점은 모든 수준의 학교에 해당된다. 왜냐하면 공식 학교교육이 상당한 경쟁력을 가질 것이기 때문이다.

대학의 등록금과 정원은 매우 다양하여 자신의 능력에 맞는 대학에 입학하는 일은 아주 자연스럽게 진행될 것이다. 국내 대학은 경쟁력이 향상되어 한국 학생이 해외로 유학하기보다는 외국 학생이 한국 소재 대학으로 유학을 오게 될 것이다. 특히 국내 사립대학의 경쟁력은 크게 향상될 것이다. 그에 따라 국내 국공립대학의 경쟁력도 크게 개선될 것이 틀림없다. 왜냐하면 사립대학과 경쟁해야 하는 국공립대학은 추가적인 자원을 투입하지 않고도 경쟁력이 향상될 것이기 때문이다.

장기적으로는 대학 재수생, 대학 유학생도 거의 대부분 없어질 것이다. 국내에서 대학의 수요와 공급이 거의 일치할 것이기 때문이다. 초·중·고 수준에서의 유학생도 거의 없어질 것이다. 이유는 자신의 요구를 충족시켜주는 대학에 진학하는 일이 국내에서도 문제가 없기 때문이다. 그 결과 재수생과 유학생 그리고 그 가족이 겪는 여러 가지 어려움도 점차 없어질 것이다. 재수생과 유학생의 감소는 여러 가지 점에서 한국경제에 긍정적으로 작용할 것이다.

과외, 사설학원 등은 대부분 사라지고 초·중·고등학교 수준에서 다양한 사립학교가 생겨날 뿐 아니라 그 비중도 크게 증가할 것이다. 학생과 학부모는 다양한 학교 중 자신의 능력에 맞게 선택하게 될 것이다. 대학의 수요와 공급이 일치한다고 학생 간 경쟁, 학교 간 경쟁, 교사 간 경쟁이 사라지는 것은 아니다. 경쟁이 공식 교육기관으로 오히려 집중되고 비공식 교육기관은 거의 필요하지 않게 된다는 것이다. 공식 교육기관이 자신의 몫을 충분히 할 것이기 때문이다.

특히 고등학교 수준에서는 다양한 학교―예를 들어, 미국과 같이 경쟁력이 높은 기숙학교―가 존재하게 될 것이고 그 학교는 학생들을 좋은 대학에 보내기 위하여 공부를 가르치고 진로를 지도하는 일에 많은 노력을 기울이게 될 것이다. 물론 여러 가지 특기 교육, 인성교육 등도 충실히 하게 될 것이다. 그 결과 고등학교 2~3학년 수준에서는 입시를 위한 학습과 진로 지도에서 그 강도가 지금보다 더 높아지면 높아졌지 낮아지지는 않을 것이다. 다양한 직업학교가 생겨날 것이기 때문에 학교 공부에 뜻이 없는 학생은 그런 직업학교들 중에서 선택을 하면 될 것이다. 학생과 학부모는 학교선택권을 가지고 있기 때문에 '위장전입'과 같은 일은 벌어지지 않을 것이다.

장학금을 주는 방법 등으로 학교들은 수학 능력은 우수하나 가정 형편이 어려운 학생을 경쟁적으로 뽑을 것이다. 그 길이 학교가 학생들의 학업 성취도를 향상시킬 뿐 아니라 학교가 단순한 금전적 이윤만을 추구하지 않는 것을 보여주는 방법이기 때문이다. 학교들이 경쟁력을 갖추게 되면 많은 자원이 다른 부문에서 기부의 형태로 들어오게 될 것이고, 학교들은 그 자원을 이용하여 우수하지만 경제적인 어려움을 가진 학생을 입학시킬 수 있을 것이다.

학교, 특히 초·중·고등학교에서의 영어교육은 지금보다 한층 더 강화될 것이다. 그 결과 고등학교 졸업 무렵이 되면 거의 대부분의 학생들은 이중언어인 영어를 모국어처럼 구사하게 될 것이다. 영어교육을 한층 강화하기 위해서는 1단계에서는 물론 원어민 영어교사를 채용하는 것이 합리적인 방법이 될 것이다. 모든 학생이 영어를 모국어처럼 사용할 수 있는 능력을 갖추게 되면 다음 세대에서는 영어교사 양성에 더 이상 원어민 영어교사가 필요하지 않을 것이다. 영어교육을 위한 과외, 사설학원, 해외연수 등은 점차 사라질 것이다. 공식학교에서의 영어교육 강화는 전체 교사에서 영어교사의 비중을 높이는 것이다. 그러나 수요가 크지 않은 외국어는 여전히 해외 대학에 유학을 가는 방법 등으로 이중언어 교육을 해결하지 않을 수 없을 것이다.

초·중·고등학교의 교육은 초등학교에서 고등학교로 올라갈수록 교육과 진로 지도는 더 강화될 것이다. 다시 말하면, 초·중학교에서는 대학 입시 교육이 더 이상 필요하지 않을 것이기 때문에 학생들의 입시 준비 부담은 거의 사라질 것이다. 그 결과 초·중학교 학생들의 학업으로 인한 스트레스는 크게 낮아질 것이다. 대학 교육은 지금보다 훨씬 더 강화될 것이고 그렇게 되어야 한다. 그렇지 않으면 경쟁력을 가질 수 없기 때문이다. 이에 따라 학사 과정 이상의 과정도 점차 발달하게 될 것이다. 장기적으로는 박사 과정이나 전문가 과정 교육에서도 한국 교육계가 세계에서 선두가 될 것이다.

둘째, 교사들은 지금보다 더 큰 열정과 책임감을 가지고 학습과 진로 지도를 포함한 학생 지도를 할 것이다. 초·중학교 수준에서는 학생들이 대학 입시 준비를 해야 할 이유가 없기 때문에 학교폭력, 체벌 등은 거의 사라지게 될 것이다. 그러나 교사들의 커진 책임감도 학교폭력을 근절하는 데 일조를 할 것이다. 학생들을 잘 가르치기 위한 교사들 간의 경쟁도 치열해질 것이다. 교사들에게 경쟁을 유도하고 학생들을 잘 가르치기 위한 열정과 책임감을 갖게 하기 위하여 교사 인센티브 제도도 그런 목적에 맞게 개선될 것이다.

교사들이 교사 본연의 임무를 잘 수행하기 위하여 전교조와 같은 정치성 강한 단체에 가입하는 일은 거의 없을 것이다.[94] 체벌은 제도적으로 금지되겠지만 교사들 스스로도 학생을 위하여 체벌을 자제하게 될 것이다. 교사에 대한 학생과 학부모의 존중과 존경은 '군사부일체' 정도보다는 못하겠지만 지금보다 더 나아질 것이다. 뇌물과 같은 부조리한 일은 완전히 없어질 것이다.

대학이 발전함에 따라 대학 교수의 임용과 스카우트 제도도 지금보다 훨씬 개선될 것이다. 현재의 임용과 스카우트 제도는 매우 폐쇄적이고 독점적이다. 대학 교수의 임용과 스카우트 제도가 활성화될 때 대학교수가 교육과 연구에 있어서 경쟁력을 확보하게 될 것이고, 그에 따라 대학도 크게 발전하게 될 것이다. 국공립대학교의

---

94 전교조 교사의 위세가 축소되면 한국 좌파 운동도 일정 부분 세력이 약화되지 않을 수 없을 것이다. 이것은 교육 개혁의 부차적인 효과다.

임용과 인센티브 제도도 사립대학과 유사하게 될 것이다. 모든 공식학교에서 연공서열제는 점차 폐지될 것이다. 교사, 교장, 교수, 학과장, 학장, 총장 등을 고용하는 시장도 발달할 것이다.[95] 무엇보다도 대학에서 시간강사는 점차 줄어들어 종국에는 거의 없어질 것이기 때문에 연구자와 교육자로서의 교수의 삶이 크게 개선될 것이다.

교사, 교수, 연구원 등으로 이루어지는 학문사회는 크게 발전하고 다양해질 것이다. 거의 무한정한 학문의 자유와 충분한 지원이 이루어지기 때문이다. 그 결과 학파가 만들어지고 소멸하는 일이 일상화될 것이다. 사실 학파의 형성과 소멸은 매우 바람직한 일이다. 학파는 학문의 발전에 없어서는 안 되는 존재이기 때문이다. 그리고 국내 학계는 세계 학계의 중심에 서게 될 것이다.

셋째, 학교들은 학생선발권을 가질 것이기 때문에 모든 학교는 자신의 능력에 맞는 학생을 선발하고 교육하게 될 것이다. 그 결과 학교 간 경쟁은 치열해질 것이다. 하지만 입시교육을 위주로 하는 경쟁이 아니라 수요자가 원하는 교육을 제공하고자 하는 경쟁이기 때문에 학교는 학생과 학부모의 요구를 최대한 만족시키게 될 것이다.

학교의 소유자에게 많은 자유가 주어지는 방향으로 개혁이 이루어지면 전체 학교에서 국공립의 비중은 지금보다 훨씬 축소될 것이다. 그러나 국공립학교의 비중이 얼마나 될 것인가를 예측하는 일은 쉽지 않다. 국공립학교를 선호하는 국민이 적지 않기 때문일 뿐 아니라 현재로서는 국민의 선호가 억눌려있기 때문이다. 교육을 최대한 순수하게 자유시장으로 전환하면 국공립학교의 비중은 최대

---

95 사실 학과장, 학장, 총장, 교장, 교감 등과 같은 학사행정 책임자를 채용하는 시장은 한국에서는 현재 거의 미미한 상태다.

한 작아질 것임을 예측할 수 있다. 각급 학교의 경쟁력이 크게 향상되어 각급 학교가 교육과 연구 등에 있어서 중심이 될 뿐 아니라 한국 경제에서의 역할도 지금보다 훨씬 더 커질 것이다.

학교는 학생과 학부모에게 최선의 교육 서비스를 제공하기 위하여 최대한 노력할 것이다. 학교 간 경쟁도 치열해지기 때문에 학교의 흥망과 통·폐합을 자주 목격하게 될 것이다. 국공립학교는 사립학교를 모방하게 될 것이기 때문에 학교의 운영 방식은 사립학교의 운영 방식으로 수렴될 것이다. 지금까지 억제되어 왔던 학교 간 경쟁은 더 치열해질 것이다. 그러나 경쟁의 주안점이 조금 달라진다. 고등학교 수준에서는 대학 입시를 위한 교육이 여전히 중요한 비중을 차지하지만 초·중학교 수준에서는 전인교육을 지향하게 될 것이다. 그리고 고등학교 수준에서 문과와 이과의 구분 같은 비합리적 제도는 거의 대부분 폐지될 것이다.

공식 교육기관이 교육과 연구의 중심이 될 것이다. 그에 따라 비공식 교육기관은 상당 부분 사라지게 될 것이다. 공식 교육기관의 재산권은 철저히 보호될 것이기 때문에 교육기관 중심의 실험적인 교육과 연구가 자주 실행되고 그것이 교육기관의 경쟁력을 향상시킬 것이다. 교육기관의 효율성을 높이기 위하여 초등학교에서 대학교까지 적절한 수준에서 수직통합을 하는 교육기관이 증가할 것이다. 그 결과 교육 부문에서 국가 차원에서의 효율성도 높아질 것이다. 장기적으로 한국의 공식 교육기관은 세계적인 수준의 경쟁력을 갖추게 될 것이다.

다양한 학교가 생겨날 뿐 아니라 그 학교의 소유권과 재산권도 잘 보호될 것이다. 그 결과 많은 자원이 교육으로 들어오게 될 것이다. 이때 자원이란 기부뿐 아니라 자본도 포함한다. 그 결과 소프트웨어뿐 아니라 하드웨어 측면에서의 각급 학교의 경쟁력도 크게 향상될 것이다.

넷째, 정부는 교육 정책을 입안할 때 언제나 교육이 경제행위라는 점을 염두에 두고 자유시장원리 또는 경제원리에 의거하게 된다. 그런 경제원리는 교육을 언제나 자유시장경제의 일부로 만들지 않을 수 없다. 정부는 국공립학교의 실질적인 소유자로서 국공립학교의 운영과 관리에 자신의 노력과 시간을 집중한다. 국공립학교의 운영과 관리에는 사립학교의 운영과 관리 원칙과 방식을 모방하는 것이 도움이 될 것이다. 왜냐하면 국공립학교도 사립학교처럼 운영되고 관리될 때 최선의 결과를 얻게 되기 때문이다. 만약 그렇게 하지 않으면 오늘날 미국 공립학교처럼 학교의 경쟁력이 낮고 운영에는 많은 비효율이 존재하게 될 것이다.[96]

전체 학교에서 국공립학교의 비중이 줄어들고 사립학교의 정부 지원이 거의 없어지면 정부의 교육비 지출은 지금보다 훨씬 축소될 것이다. 그러나 한국인이 지출하는 전체 교육비가 지금보다 줄어들 것인가는 현재로서는 예측할 수 없다. 왜냐하면 한국 국민은 세계 어느 나라 국민보다 교육열이 높기 때문에 교육제도의 변경으로 전체 교육비 지출이 줄어진다고 단언할 수 없기 때문이다.[97] 다만 공식 학교교육이 있고 비공식 학교교육이 공식 학교교육을 보완하거나 대체하는 현행 제도에서 존재하는 각종 비효율은 없어질 것이

---

96 미국의 공립학교는 사립학교의 운영방식을 모방하고 있지만 그렇지 않은 부분도 많기 때문에 사립학교보다 비교적 열등하다. 물론 평균적으로 그렇다는 것이다.

97 한국 국민의 교육열이 높은 점에 대한 역사적 분석은 안재욱 외(2011)를 참조.

다. 그것만으로도 한국 교육과 경제에 기여하는 바가 작지 않을 것이다.

한국의 공식 교육기관들이 경쟁력을 가지게 되면 산업계와의 협력이 원활하게 이루어지고 교육이 기술 발전에 기여하는 바가 클 것이다. 교육과 다른 부문과의 협력 관계 증진은 전체 경제에서 교육의 비중을 훨씬 증대하게 만들 것이다. 교육이 입시 위주를 벗어나서 경쟁력을 가지게 되면 출판업계, 문구를 포함한 사무 관련 업계 등이 지금보다 활발하게 될 것이다. 교육이 입시 위주가 아니라 전인교육을 지향하게 되면 독서 활동, 여가 활동 등도 증가할 것이기 때문이다. 교육용 보조기기 업계도 발달할 것이다. 자원과 자본이 풍부하기 때문에 교육의 질적 향상을 위하여 교사들은 많은 교육용 보조기기를 사용하게 될 것이기 때문이다. 환경의 변화에 따라 교육 수요자의 욕구 또는 수요가 변하면 교원, 학교, 정부는 즉각 그런 변화에 맞는 교육 서비스를 제공할 것이다. 즉 교육 수요자의 수요 변화에 직면하여 각 주체는 유연하게 대처하여 수요자의 효용을 증가시키게 된다는 것이다.

물적 자원이 거의 없는 나라인 한국은 인력이 인적 자원이 되도록 해야 한다. 지금까지의 입시 위주의 교육은 인력이 인적 자원이 되는 데 한계가 있을 수밖에 없었다. 인력이 인적 자원이 되도록 하기 위해서는 경쟁력 있는 교육이 필수다. 한국 교육이 경쟁력을 갖기 위해서는 '자유'가 가장 중요하다. 한국 교육의 문제, 폐해, 부조리 등은 모두 자유의 부재에서 나온다. 정부는 교육 제도와 정책이 자유를 근간으로 하는 자유시장원리 또는 경제원리에 일치하도록 만들어야 할 것이다. 앞에서 제시한 교육 개혁만으로도 한국 경제의 성장에 적지 않은 도움을 줄 것이다.

절대적인 관점에서는 학생의 수가 감소하고 있는 것은 분명한 사실이다. 그러나 상대적인 관점에서는 학생 수의 감소를 다르게 볼 수 있다. 유학생, 재수생 등이 적지 않기 때문일 뿐 아니라 한국 학교의 경쟁력이 올라가면 한국으로 유학 오는 학생도 증가할 것이기 때문이다. 물론 이러한 효과는 일정한 시간이 지난 후에 나타날 것이다. 한국 교육이 시장경제 원리를 추구하더라도 한국 학교가 경쟁력을 가지게 되는 데는 시간이 걸리기 때문이다.

마지막으로, 교육을 개혁하더라도 교육을 과도하게 선별장치로 이용하는 문제는 우리 사회에 여전히 남아있을 것이다. 그것이야말로 교육과 관련하여 우리 사회가 풀어야 할 마지막 과제가 될 것이다. 이것이 난제인 것은 사회 구성원 각자의 행동이나 태도와 관련이 있기 때문이다. 교육을 선별장치로 이용하는 일을 적절히 억제할 수 있다면 개인들이 교육에 불필요하게 과도하게 자원을 낭비하는 일은 점차 사라질 것이다. 그러므로 교육을 과도하게 선별장치로 이용하는 문제를 해결하는 것이 교육 개혁을 완수하는 것이다.[98]

---

98 문제의 본질상 이 문제를 완벽하게 해결할 수 있는 길은 없는 것처럼 보인다. 그러나 어느 정도만이라도 해결한다면 교육과 관련한 초과수요를 크게 줄일 수 있을 것이다.

교육에 자본주의 원리를 도입하여
수요자와 공급자에게 더 많은 '자유'를 준다면

　한국의 교육, 특히 학교교육은 정상적이지 못한 부분이 상당히 많다고 할 수 있다. 뿐만 아니라 그 상태가 오랫동안 지속되어 왔다는 것이 진실일 것이다. 많은 재수생과 유학생, 적지 않은 사교육비, 학교폭력의 만연, 입시 위주의 교육 등 일일이 나열할 수 없는 문제 또는 병폐가 그 증거다. 그리고 그런 문제나 병폐가 지속되고 있는 것은 교육 제도나 정책을 책임지고 있는 교육부의 관료, 교육전문가, 정치가, 일반인의 문제 해결 방법에 결함이 있다는 것을 의미한다.

　교육과 관련된 대부분의 사람들은 교육이 경제행위임을 잘 인정하지 않는다. 그러나 교육은, 교육에 비경제적인 요소가 없는 것은 아닐지라도, 많은 부분이 경제행위다. 학생이 참고용 교재를 한 권 구입할 때 교재대금을 지불한다. 그것은 쌀과 같은 재화를 사는 행위와 크게 다르지 않다. 물론 교육에는 경제행위가 아닌 부분도 일부 있지만, 교육의 많은 부분이 경제행위임이 사실이다.

교육이 경제행위임을 부정하게 되면, 경제원리를 적용해야 하는 곳에 다른 원리나 원칙을 적용하는 일을 초래한다. 그 결과 많은 비효율과 낭비를 불러일으켜, 정책이나 제도가 추구하는 목적을 달성할 수 없게 만든다. 경제행위인 경우에는 마땅히 경제원리 또는 자유시장원리를 적용한 정책과 제도를 만들어야 한다. 이 책은 '교육은 경제행위'라는 전제 아래 한국의 학교교육을 분석하고, 평가하여 그에 따른 대안을 제시한 것이다.

경제제도는 크게 3가지로 나눌 수 있다. 자본주의, 사회주의, 간섭주의가 그것이다. 그리고 자본주의가 다른 두 제도보다 효율성 측면에서 뿐 아니라 정당성 측면에서도 우수하다는 점은 재론의 여지가 없다. 그럼에도 불구하고 한국 교육계의 지향점은 사회주의와 간섭주의이고, 그 밑바닥에는 평등주의가 있다. 이 책은 한국 교육에 자본주의를 도입할 것을 제안한 것이다.

교육 관련 문제 또는 병폐가 경제행위와 관련이 있다면 경제원리 또는 자유시장원리를 적용하여 해결 방안을 찾아야 한다. 그러나 해결 방안을 논의하고 검토하는 자리에 경제 전문가가 참여하는 경우는 찾아보기 어렵다. 이 점은 교육전문가들이 받아들이기 어려울 수 있다. 그러나 타당한 해결책을 찾고자 한다면 당연히 그렇게 해야 할 것이다. 미국의 경우, 교육 분야에 경제 전문가가 다수 참여하는데 이는 단순히 구색을 갖추고자 함이 아니다.

오늘날 교육 문제나 병폐에 대한 분석들은 '개인'에 초점이 맞추어져 있다. 그러나 그런 문제나 병폐의 근본 원인은 개인이 아니라 '제도' 또는 '시스템'이다. 재수생 문제를 개인 차원에서 접근하면 최선의 행동이기 때문에 아무런 문제가 없다. 그러나 그것은 분명 교육

시스템 문제이지 개인의 문제가 아니다. 이 점이 우리 사회에서 교육 문제 또는 병폐를 더 악화시킨 또 다른 원인이라고 할 수 있다.

한국 교육이 안고 있는 더 근본적인 문제는 교육의 수요자인 학생과 학부모 그리고 교육의 공급자인 교사와 학교가 자유를 너무 제약받거나 통제당하고 있다는 것이다. 물론 통제와 규제의 주체는 교육부 공무원들과 정치가들이다. 교육 문제와 병폐를 해결하고자 한다면, 이제 우리 모두가 그들에게 당당히 자유를 요구해야 한다. 우리에게 정말로 필요한 것은 다른 어떤 것도 아닌 '자유'라고 말이다.

교육에 자본주의 원리를 도입하여 수요자와 공급자에게 더 많은 자유를 준다면 한국의 학교교육은 세계에서 우뚝 서게 될 것이다. 한국 학교교육의 경쟁력이 높아지면 교육 서비스를 수입하는 나라에서 수출하는 나라로 바뀌게 될 것이다. 그리고 당연히 현재 우리가 겪고 있는 교육 관련 문제나 병폐는 점차 사라질 것이다.

전 용 덕
대구대학교 경산 캠퍼스에서

참고문헌

강영혜 외, 『고교 평준화 정책의 적합성 연구』, 한국교육개발원, 2006

김명호 편, 『정주영 어록』, 삼련서점, 2002.

김정래, 『고혹 평준화 해부』, 한국경제연구원, 2009.

_____, "무상보육정책의 철학적 논의—자유주의 정의이론에 비추어", 『제도와 경제』, 제7권 제

    2호, 통권 14호, pp. 93-105, 2013.

김진영·현진권, "공공성 논리와 정부팽창행위: 공영방송의 경우", 『재정학연구』, 2008.

김태종 외, 『고교 평준화 정책이 학업 성취도에 미치는 효과에 관한 실증분석』,

    한국개발연구원 국제정책대학원, 2004.

바스티아, 끌로드 프레데릭, 『법』, 김정호역, 자유기업센터, 1997.

배호순, 『평준화 넘어 선진화』, 자유기업원, 2011.

복거일, 『영어 격차』, 자유경제원 e-지식 시리즈 14-8, 2014.

비숍, 이사벨라 버드, 『한국과 그 이웃 나라들』, 이인화 역, 도서출판 살림, 1994.

안재욱 외, 『교육관계법 개정방향과 개정안』, 정책연구 2011-07, 한국경제연구원, 2011.

윤상호, 허원제, "교육감 선출제도의 문제점과 개선방향: 교육감 직선제를 중심으로",

    한국경제연구원, 미발표 논문, 2014.

유진성, "교육정책의 주요 이슈 평가와 창의적인 글로벌 인재육성을 위한 정책적 시사점",

    한국경제연구원, 미발표 논문, 2014.

이보경, "대학에게 자율을 주고 책임을 물어라: 대학의 국제경쟁력을 확보하고
'신분 상승의 사다리'의 기능을 회복하여야", 미발표 논문 2015.

전용덕, 『권리, 시장, 정부』, 대구대학교 출판부, 2007.

_____, "교육관련정책: 우파와 좌파의 다른 점", CFE Report, No. 135, 2010. 8. 26

_____, "교육규제의 경제분석", 『제도와 경제』, 2013.

_____, 『경제학과 역사학』, 한국경제연구원, 2014.

전희경, "흔들리는 교육, 어떻게 바로 잡을 것인가", 자유경제원, 미발표 논문, 2014.

현진권, "자유주의 관점에서 본 정부규모의 평가: 한국의 현실과 정책 과제", 『자유와 시장』,
제2권 제1호, 2010.

현진권 편, 『보육정책의 논쟁과 정책과제』, 정책연구 2013-01, 2013.

황영남, '공교육의 문제점과 개혁 방안', 미발표원고, 2014

Alvarez, R Michael and Betsy Sinclair, "Electoral Institutions and Legistilative Behavior: The
Effects of Primary Processes", *Political Research Quarterly* 2012, 65(3), pp. 544-57.

Cowen, Tyler, "Public Goods Definitions and Their Institutional Context: a Critique of Public
Goods Theory", *Review of Social Economy,* 1985, pp. 53-63.

Forte, Francesco, "Should Public Goods Be Public", *Public Choice,* vol. 3, 1967, pp. 39-46.

Goldwin, Kenneth, "Equal Access vs. Selective Access: A Critique of Public Goods Theory",

Public Choice, vo. 29, Spring, 1977, pp. 53-71.

Hall, Andrew B. "What Happens When Extremists Win Primaries?" *American Political Science Review*, forthcoming.

Holcombe, Randall, "A Theory of the Theory of Public Goods", *Review of Austrian Economics*, vol. 10, no. 1, 1997, pp. 1-22.

_____, "Public Goods Theory and Public Policy", *The Journal of Value Inquiry,* vol. 34, 2000, pp. 273-286.

Hülsmann, Jörg Guido, "Introduction", in Ludwig von Mises, *Epistemological Problems of Economics,* the Mises Institute, Alabama, 2003.

Merrill, Samuel and Bernard Grofman, *A Unified Theory of Voting: Directional and Proximity Spatial Models,* New York: Cambridge University Press, 1999.

Mises, Ludwig von, *Human Action,* Fox & Wilkes, 1996.

루드비히 폰 미제스, 『인간행동 I, II, III』, 민경국·박종운 공역, 지식을 만드는 지식, 2011.

_____, *Economic Calculation in the Socialist Commonwealth,* The Mises Institute, Alabama, 2012.

Rothbard, Murray N., *Man, Economy, and State,* The Mises Institue, Alabama, 1993.

전용덕·김이석 공역, 『인간, 경제, 국가』, 나남출판, 2006.

_____, Economic Controversies, The Mises Institute, Alabama, 2011.

_____, Education, Free and compulsory, the Mises. Institute, 1999.

_____, *The Ethics of Liberty,* New York University Press, 2002.

Salerno, Joseph T., "The Concept of Coordination in Austrian Macroeconomics", in *Money:*

Sound and Unsound, The Mises Institute, Alabama, 2010.

찾아보기

ㄱ

가격 17, 19, 20, 26, 33~39, 60, 62, 63,
94, 95, 98, 116, 119, 120~127, 133,
150, 190, 194, 202

가격 규제 63, 120, 122, 124, 150, 190, 194

가격고정 120

가격조정 36

가치판단 16, 17, 19, 22, 23

가치평가 16, 17, 22, 32

간섭주의 8, 66, 110, 114, 115, 119, 120,
126, 137, 146, 165, 191, 192,
201, 204

개방이사 제도 90, 91, 92, 93

경쟁 29, 30, 32, 59, 62, 63, 66~68, 85, 87,
91, 93, 105, 113, 116, 130, 141, 164,
167, 174, 200, 206, 208~210

경제계산 16, 17, 19~24, 31, 34, 35, 113,
116~118

경제원리 9, 20~24, 27, 32, 202, 203, 211,
212

경제전문가 20, 22, 42

경제행위 16~25, 31~33, 36, 37, 42, 58,
79, 113, 115, 119, 135, 136,
201~203, 211

고교 선택 불가 64

고교등급제 금지 95, 147

고교평준화 26, 30, 66, 67, 95, 127~130

공공재 25, 42~47, 91, 129, 147, 148, 188,
190

공교육 12~16, 45, 47, 63, 64, 100, 107,
131, 134, 138, 148, 162, 163,
166, 190, 193, 194, 202

공교육 붕괴 131

공급자 18, 24, 28, 31, 32, 45, 47, 49, 105,
141

공리주의 158

공립학교 14, 15, 26, 49, 108, 211

공유의 비극 72, 73, 82

과외 금지 14, 26

과외 13, 15, 18, 19, 38, 44, 45, 57, 59,
60~62, 64, 94, 105, 114, 116, 123,
126, 131, 132, 143, 178, 183, 185,
196, 201, 202, 206, 207

교사의 정치적 중립성 73

교육 이민 132

교육비 8, 95~98, 118, 123, 124, 138, 187,
188, 192, 201, 211

교육시장 132, 151, 174, 177

교육전문가 13, 20~23, 31, 42, 135, 136

국공립대학 12, 17, 80, 81, 88~90, 115,
121, 124, 125, 146~151, 205,
208

군사부일체 139, 140

금전적 이윤 32, 207

기러기 아빠 21, 62, 123

기러기 엄마 62, 123

ㄷ

대학 평의원회 90~93

대학교육 57, 62, 72, 73, 83, 89, 91

대학입학정원제 95

독점 39, 53, 61, 118, 120, 208

두뇌유출 62

ㄹ

라스바드 31, 159, 179

ㅁ

무상급식 79, 96, 98, 127, 134, 152~156
무상보육 154, 155, 189
민간 부문 52

ㅂ

배급제 60, 61
배호순 128, 131, 132, 218
법인화 147~151
분산적 이중언어 사용 184
비가격 33, 37~39, 94, 95
비경합성 43, 44, 46
비배제성 43, 46
비숍 140
비학교교육 14, 15

ㅅ

사교육 12~16, 63, 64, 96, 97, 98, 131,
132, 183, 190, 194, 196, 202, 214
사립대학 12, 17, 59, 80, 81, 88~93, 113,
115, 121, 122, 124, 125, 146,
147, 149, 150, 151, 205, 209
사립학교 13~16, 26, 29, 47, 72, 73, 79,
80~83, 86, 90, 92, 108, 111,
112, 115, 120, 124, 127, 201,
206, 210, 211

사무엘슨 46
사설학원 13, 15, 21, 25, 26, 28, 57,
59~62, 64, 68, 78, 81, 105,
114, 116, 119, 120, 123, 126,
131, 132, 143, 178, 185, 201,
202, 206, 207
사적 재화 43~47, 147, 188, 190
사회주의 19, 35, 63, 64, 66, 110, 113,
115~120, 126, 130, 137, 146,
201, 202, 204, 215
서당 45, 140
선별장치 142, 143, 187, 188, 213
선행학습 14, 26, 61, 98, 193~197
선행학습금지법 193, 194, 196
소득 분배 기능 34
수단 62, 104, 117, 129, 131, 148, 151,
160, 161, 190, 193
수요자 17, 24~28, 31, 38, 47, 55, 105, 112,
123, 128, 196, 209, 212, 214, 216
시장실패 49
심적이윤 31, 32

ㅇ

야간 자율학습 13
야학 13
영어교육 22, 67~69, 143, 183~188, 207
외부경제 42, 48~53, 187
외부불경제 48, 49
외부효과 48, 49
유아교육 118, 185, 189~192
이중언어 사용 184

인간행동학 16, 17, 31
인간행위 16, 17, 19, 20, 22, 23, 135, 136
인센티브 제공 기능 33, 34

ㅈ

자연권 158
자연법적 접근법 158, 179
자유시장 27, 33, 79, 112~114, 149, 199,
　　　　　200, 202~204, 209
자유시장원리 79, 165, 203, 211, 212
자율형 사립고 66, 81, 95, 108, 114, 120,
　　　　　128, 162~168, 173
재산권 90, 93, 111, 112, 114, 146~148,
　　　　158, 179, 201, 210
재수생 14, 38, 39, 58, 60, 61, 122, 137,
　　　　202, 205, 206, 213
전국교직원노동조합 74
전문화 원칙 21
정보 제공 기능 33, 34
정원 규제 63, 72, 89, 93, 122, 147, 194
제품통제 120
조기유학 58, 62, 88, 122, 123, 132
조기유학생 58, 62, 122
주류 경제학 48~51
지배구조 90~93, 127, 147

ㅊ

체벌 금지 95, 157
초과수요 58, 60, 122, 202, 213
최대가격 120~123
최소가격 120, 121

ㅍ

평등주의 127~135, 190
평준화 정책 63, 64, 66, 128, 130

ㅎ

하향평준화 130, 131
학교선택권 115, 129, 133, 206
학교폭력 14, 70~73, 81~83, 136, 138,
　　　　192, 203, 208
학교폭력대책자치위원회 71
학교폭력예방법 71
학생선발권 129, 133, 209
학생인권조례 157, 160, 161, 178~182
해외 유학 29, 62, 87, 88, 116, 132, 139,
　　　　184, 202
혁신학교 65, 66, 95, 128, 166~173
혜택 31, 32, 50, 150, 183
홈스쿨링 15, 200
화폐계산 16, 19
효용 극대화 31

A-Z

Cowen 45, 46, 219
EBS 13, 80, 134
Forte 46, 220
Goldwin 129, 220
Holcombe 220
Hülsmann 113, 220
Mises 16, 17, 32, 35, 48, 104, 117, 118,
　　　158, 201, 220